游牧十年

一個旅人的歸鄉之路

TEN YEARS A NOMAD

A TRAVELER'S JOURNEY HOME

馬修・凱普尼斯——著

MATTHEW KEPNES

徐麗松——譯

獻給泰國那輛巴士上的
五個陌生人。
謝謝他們
促使我踏上這個旅途。

日日皆行旅，旅途本為家。

——松尾芭蕉[1]（Matsuo Bashō）

1 譯註：松尾芭蕉（一六四四—一六九四）是日本江戶時代前期的著名俳諧師，被譽為「俳聖」。本句原文為「日々旅にして旅を栖とす」。

目次

contents

楔子

出走的想望蠢蠢欲動

我尚未到過所有地方，但所有地方都已列入我的清單。

——蘇珊．桑塔格[2]（Susan Sontag）

我是一個游牧旅人。

十年來，我在旅途上過著長路漫漫的巡遊生活。

三千多個夜晚。

在九十多個國家。在一千個不同城市。在數以百計的青年旅館。與無以數計的人相

2 譯註：蘇珊．桑塔格（Susan Sontag），一九三三—二〇〇四，美國作家、思想家、教師、政治活動家、女權主義者，以敏銳觀察、犀利社會文化批判及鮮明反戰立場著稱，被譽為「美國的道德良知」，是二十世紀最傑出且最具爭議性的女性文人之一。

伴。飛航距離高達五十萬英里，另外還靠火車、巴士、嘟嘟車[3]、汽車和腳踏車旅行了五十萬英里（我確實加總過了）。

旅途是我的家。

在所有那些時日、所有那些里程中，我不帶目標地漫遊。我不是在跑行程、度假，或做宗教朝聖。我沒有用清單列出我要去哪些特定目的地、看哪些特定景點。我的唯一目的就是旅行。當一個游牧旅人：一個可以不訂計畫、不承受急迫壓力，從某個地方移動到下一個地方的人。他的目的地就是旅途本身。他可以如心所向，隨時提起行囊，前往任何地方。

傳統上，無論是在中東的無垠沙漠、歐亞大陸的北方草原、北美的遼闊平野，游牧民族從一出生就投入動態生活的古老實踐中。他們是我的模範，不過跟他們不同，我不是天生以旅行為本務，我沒有那種傳統可以當作後盾。

我們家不是旅行一族。我爸爸大學畢業後過了一陣子嬉皮生活，在德國的麥田裡露宿、到歐洲各地跑趴狂歡，可是到了我妹妹和我出生的時候，我爸的長髮已經不見了，他或我媽曾經有過的旅行渴望隨之無影無蹤。取而代之的是朝九晚五的工作，這成為他們人生的新定義。

就像大部分美國的中產階級家庭，如果我們前往某個地方，那是因為我們去**度假**——

具有固定起始和終點、完全按照年度工作期程安排的休閒旅遊，而其中的核心要素經常是探親。我們會在假日期間離家前往費城拜訪親戚，或開很久的車，到佛羅里達州探望祖母。我們會去迪士尼和環球影城樂園[4]玩、上保齡球館，然後七早八早就跟阿蜜奶奶一塊吃晚餐。年復一年，長途行車、在大型連鎖旅館過夜、到主題樂園遊玩，都是意料中事。

彷彿諾曼・洛克威爾[5]（Norman Rockwell）的畫中人物現身真實世界，我們按照中產階級美國人**應該有的方式**旅行：可以預測、安全穩當，而且絕不會太長久。我們從來不當背包客，不做露營旅行，不會突發奇想去造訪異國旅遊勝地。我們不僅不曾當游牧旅人，

3　譯註：嘟嘟車（tuk-tuk）是一種以摩托車為基底打造而成的三輪動力交通工具，目前常見於東南亞、南亞、中南美和中國部分地區，在市區多用為出租車。最早的嘟嘟車是一九三一年日本推出的馬自達輕便貨車「Mazda號」。二次大戰後，義大利比雅久（Piaggio）也開始推出類似車型，在戰後重建期間發揮重要功能。

4　譯註：這兩座樂園都位於奧蘭多（Orlando），其中迪士尼世界開幕於一九七一年，是世界最大、遊客最多的主題樂園，面積高達一〇一平方公里，約為巴黎迪士尼的五倍、上海迪士尼的二十五倍、東京迪士尼的五十倍、香港迪士尼的七十八倍。環球影城樂園（Universal Studios）於一九九〇年開幕，園內設施以娛樂產業（特別是電影和電視）為主題。

5　譯註：諾曼・洛克威爾（Norman Rockwell），一八九四—一九七八，美國二十世紀前期重要畫家、插畫家，作品反映美國文化，深受大眾喜愛。洛克威爾經常從事商業繪畫，最為人所知的是為《星期六晚郵報》（*The Saturday Evening Post*）週刊（後來改為雙週刊，目前為雙月刊）繪製呈現理想化美式生活的封面。

甚至不曾深深紮根，固著在特定的地方和約定俗成的慣習中。

而就我當時的認知，生活並不存在其他方式。

在我的心目中，旅行是一種計畫性的離脫，讓人暫時打破職業生活的韻律，就好像學校放假在成人世界中的版本。你辛苦工作了一陣子，然後犒賞自己一個飛行距離不遠的全包式度假旅遊行程，或把離開辦公室的時間消磨在某個親戚的客廳。你的放假時間剛好只夠讓你卯足在接下來每個尋常日子上班工作的氣力，年復一年，直到傳說中所謂「退休」的時刻到來，於是人生終於可以真正開始。

人生具有一種你應該跟隨的路徑：小學、中學、大學、工作、結婚、退休。遵守規則、把該付的都付清，然後你就能自由自在地做任何你想做的事。

我帶著這種關於人生和旅行的想法，度過年少歲月，直到二十好幾。大學畢業以後，我盡責而快樂地在中產階級晉升體系底部占據了一個我應得且恰當的位置——我在波士頓一所醫院找到了一份初階工作。我負責接電話、整理庫存、訂貨，告訴來訪者他們生病的親戚在哪個病房；我做了你可以預期某個完全沒有經驗的人會被指派去做的所有工作。

我的生活變得充滿例行公事。

通勤、上班、三十分鐘的午餐時間、下班後跟室友上健身房、買外送當晚餐、看電視、上床睡覺、每逢週末，我會和朋友們一起上酒吧，設法找女生約會。每一天就這樣無縫接軌般地化成下一天。

但這樣的日常啃噬著我的靈魂。我不快樂。我開始惶然不安。我覺得彷彿正在從外面觀看自己的人生，等著它開始。人生應該在大學畢業後正式開始，對吧？當然，大家都說大學代表了他們人生中最棒的一段歲月，可是對我而言，真正應該特別的，一直都是「真實世界」。

真實世界具有大學生活缺乏的一些東西：一個屬於我的地方、金錢、穩定的伴侶關係、隨心所欲趴趴走的能力、自由。在那裡，我才終於能開展**我的人生**。

沒想到真實世界竟是這樣無聊透頂。

那確實是我的人生，只是我發現，那是一成不變的狀態在無盡循環。當我埋怨的時候，常常有人告訴我，這是正常的，人生本來就該如此。「別煩惱了，親愛的。等你找到真正喜歡的工作，生活就會很不一樣，」我母親會這樣跟我說。「你才剛畢業，你才二十三歲。不必這麼急。大家都是從基層往上爬的。」

在醫院待了快滿一年時，我的上司提醒我要儘快把累積的假休掉。「這是規定，」她說，「不然就等於自動放棄。」

我想不起來出走的念頭是怎麼產生的——那個寶貴的記憶早已被淹沒在時光的洪流；總之我開始動起去哥斯大黎加走走的念頭。我是在網路上不斷搜尋的過程中，偶然看到那麼一個旅遊行程的。那跟我去過的地方都不同，在此之前我甚至很少想到那種地方的存在，不過很顯然那不會是我父母想造訪的目的地，所以它立刻就顯得充滿魅力。

它看起來……就是很不一樣。而我想要的，就是不一樣。只要不會充滿令人懼怕的例行常軌，什麼都可以。某個洋溢冒險氣息、或許還潛藏著幾分危險的他鄉異國。我在網路照片上看到一些人在海邊戲水、在叢林中健行、觀察猴子和異國鳥類。他們一下掛在高空飛索上，一下又踩上衝浪板。那都是我這輩子不曾做過的事。他們年輕，他們快樂。但比這點更重要的是，從我身處的地方觀看——在那個工作休息室，吃著微波加熱的午餐，煩惱著下班後穿越波士頓凜冽嚴冬的漫長歸途——他們顯得那麼遙不可及，而這一切無不是在提醒我，我正被牢牢卡在組織階層的底端。

那天晚上回家以後，我預訂了一個前往哥斯大黎加的旅程。我心想，那將是我第一次以**成年人身分**度假。

這個決定成為我跨出的第一步，帶我邁向某個更遼闊的境界。

我不會自以為我的故事獨一無二。許許多多的人都能訴說像我這樣的故事——因為許許多多的人都曾發現，通勤上班、攀爬社會階梯、晚上看電視打發時間這種無盡循環（或者這種循環在他們所屬文化中的變化版本）不足以填滿他們的生命。跟我一樣，他們出走了。跟我一樣，他們不曾回來——至少在很長很長一段時間中沒有回來；而跟出走的時候相比，他們必定已經有了質變。

旅行的故事是超越時間的傳奇。在我之前，我的所有恐懼、掙扎、夢想，早已被許多人恐懼過、掙扎過、夢想過；而無庸置疑，在我之後，這些經驗仍將被複製無數次。

但無論如何，我還是要向各位訴說我的版本，我要告訴你們這些我還不曾跟任何人分享的故事。這一切反映的是長時間旅行的**真正**樣貌，而多數旅行作家似乎害怕談論這些。

第一章

踏出門扉

只要走出家門，旅程最困難的部分就已拋在身後。

——法蘭德斯[6]諺語（Flemish Proverb）

你是否曾期盼頓悟的感受？那個傳說中啟示降臨、條理頓開的瞬間——類似某個故事即將結束、事理驟然明晰的時刻？故事主角有過種種掙扎與懷疑，然後某件事發生了——那可能是非常微小的事物，例如看到樹上的一個鳥巢，或雪花從天空飄落——一切隨之豁

6 譯註：法蘭德斯是比利時北部的荷語區，居民使用與荷蘭語極為接近的法蘭德斯語（也稱弗萊明語、法蘭德斯荷語、比利時荷語、南方荷語）。在文化、歷史和語言定義中，法蘭德斯的範圍也包括位於荷蘭、法國境內的一些鄰近地區。

然開朗。忽然間，主角生命中的一切彷彿都有了意義。他把癥結梳理開來了。他成了一個異於以往的人。而由於觸發這種變化的事物乍看是如此微不足道，這其中必定隱含了某種道理：**你的頓悟時刻**正在某個地方等著你，在你視為理所當然的平凡事物中。

明天，你就能改變——**真正**改變。

這是個不錯的信念吧？

不過人生不是這樣運作的。

我們時時都在改變。現在的你跟十年前的你不同，十年後的你還會變化。我們也許以為可以把這些改變精準歸納在某個現成故事般的單一時刻，但這種想法比較像是小說情節。靈光乍現的瞬間非常罕見。學習和改變，即便是那種讓心靈脫胎換骨的學習、徹底翻轉自我的極端改變，都不是即刻發生、同時出現的。唯有隔著一段距離，在我們回顧自己的生命脈絡時，我們才能釐清是否真有那麼一刻，我們舊有的自我消失了，而一個全新的人帶著嶄新的目光和觀點，翩然來到。但就算是那樣一個時刻，也不能等同於出現改變的時間點，它不過是讓我們首度注意到改變發生的某個轉折罷了。這就是變化的本質。難以察覺逐漸發生的演變，隨著時間持續累積，直到我們的最初記憶與當前我們凝視、關注的一切不再有任何相似之處。

這就是我的情況。我不是在預訂哥斯大黎加旅遊行程那天變成游牧旅人的。並不是原來那個「上班馬哥」在幾星期後，第一次站在叢林飛瀑底下時，就忽然變成了「游牧馬哥」。我在規劃行程的時候，完全沒有意思要做改變人生的計畫，完全不會料想到那趟旅程會是跟原本知道的幾乎所有事、認識的幾乎所有人道別的第一步。我不知道自己正在啟動一趟可能永遠不會結束的旅程，也不知道那會讓我付出代價——放棄在美好郊區擁有漂亮房子的生活，不斷在旅途上顛簸前進，從一個城市到下一個城市，從一個國家到下一個國家，從一間旅棧到下一間旅棧；走進更多博物館，踏上更多遊程，乘搭更多巴士，吃遍更多美食攤，直到記憶無法容納。

第一次出發時的我完全不是那樣無所畏懼。

我想要的只是好好度假。愉快地度過兩個星期，讓我補足氣力，熬過假期結束以後的五十個星期。

二〇〇三年四月即將結束時，我登上波士頓飛往哥斯大黎加聖荷西的班機，感覺非常驚慌。到哥斯大黎加跟著一個小旅遊團四處觀光是我能做的「最危險」活動中最安全的一個選項。我沒有興趣投入嶄新的人生——我只是要去做一些健行，看幾座瀑布和火山，在海灘悠哉晃蕩，然後平平安安地回家。又輕鬆，又簡單，又安全。

其他所有一切——自由，冒險，可能性——那些會讓你跟旅行談起戀愛的東西，此時都還遙不可及。

在聖荷西機場拿到行李以後，我的目光左右搜尋。一走進接機大廳，我馬上被一群計程車司機圍攻。我是待宰羔羊。在他們眼中，我比掛在肉店櫥窗裡的火腿還要顯眼。他們說話像連珠炮，只在高中學過一點西班牙文的我幾乎一個字都聽不懂。

「Necesitas un taxi? A donde vas? Taxi? Taxi? Taxi?」（要坐車嗎？去哪裡？計程車？計程車？計程車？）

「不必，我不用坐車。呃……No me gusta（我不喜歡），」我試著想出正確的字眼，不過好像說錯了。「Yo tengo un（我有）……司機……No, no necesito un taxi（不，我不需要計程車）。」

全然的陌生和不自在，那整個經驗令我難以招架。

我環顧四周，看哪個人手上舉的牌子寫了我的名字。我的行程包括額外付費的接機服務。如果我從父母身上學到過什麼東西，那麼其中很重要的一點就是出門旅行時一定要戒慎小心地處理機場進出問題。前一天晚上就辦好登機手續、早早抵達機場。*航空公司說國際航班起飛前兩小時抵達，那我們就提早三小時，以免路上交通出狀況*。準備好在飛機上會需要的枕頭和零食。先找好最便宜的租車公司或可能不用錢的接駁車。**無論如何，絕不**

要被人敲竹槓。

雖然我在行前花了不知幾小時的時間做功課，設法避免在抵達機場以後出現任何不確定狀況的可能性，但我安排的司機遲遲沒有出現。我心跳急促，掌心冒汗，在入境大廳來回踱步。熱帶的悶溼空氣令我更加焦慮，被困在機場度過假期的荒謬景象在我的腦海中如魅影飛舞。

「坐車嗎？便宜算你，」一名男子走到我身旁說。

「不用，」我說。我相信他要我坐進他的計程車後座顯然是個把戲，目的是綁架勒索。我為什麼會決定做這件事？當初我在想什麼？我不能這樣做。儘管眼前這個人一點也不符合在我那狹隘的新英格蘭心眼中、奔騰的種種關於中美洲的刻板印象，但我怎麼有辦法知道他會載我往正確的方向走？眼前的事實是，那些路我完全沒概念。

籠罩在我周遭的陌生感覺忽然重重敲了我一記，彷彿拳擊手出其不意，給對手來個上鉤拳。即便是在機場這種普世皆然的地方——所有機場的平面規劃都大同小異——我畢竟還是在一個陌生的所在。就連機場也成了截然不同的經驗。

「這下我的麻煩大了……」就在我開始思忖是否要取消行程時，我看到大廳遠方一根柱子附近站了個人，他手上舉著標有我名字的牌子，那就是我的司機。他眼神茫然，彷彿完全不在乎我會不會出現。

「我是馬修，」我走到他前面說。

「好，vamos（走吧），」他簡單回答，然後抓著我的旅行袋，引導我往他那台破車走。

司機的車可能曾經是一輛不錯的豐田，不過昔日光輝不會復返。現在，被豔陽烤焦的藍色油漆已經剝落，露出底下嚴重鏽蝕、狀似瑞士乳酪的斑駁表面。車內的座椅同樣破損不堪，地板布滿垃圾和一些已經棄置很久的可樂罐。我不記得原先對這趟接機服務的期望是什麼，不過無論如何絕對不是這樣。

車子開上公路以後，緊張焦慮的情緒忽然化成一股驕傲。我通過第一關考驗了。我成功克服機場的挑戰，找到我的接機服務了！雖然只是小小的勝利，但這是**屬於我的勝利**。現在，我真的在這裡了。我坐進破舊的後座，放眼窗外，將我瞥見的第一眼哥斯大黎加收進腦海。遠方有一些雲霧繚繞的山巒，香蕉園一望無際。藍天點綴著蓬鬆的白色雲朵，要是鮑伯．魯斯[7]（Bob Ross）看到此情此景，應該會覺得親切熟悉。

但是，隨著鐵皮屋頂覆蓋的簡陋房舍和礙眼的鐵窗開始出現在通往聖荷西市區的公路兩旁，那份驕傲（以及心中關於熱帶天堂的諸多想像）很快就煙消雲散。我看到一些坑坑窪窪的小泥土路，還有散落四處的廢棄物。難道這裡是貧民窟？

進入聖荷西以後，更多被鐵窗封得像監獄的房屋冒了出來，擁擠地錯落在破舊建築林立、滿地都是垃圾的街道上。我心中湧現一股不堪之情，想起自己成長的那個花木扶疏的中產階級郊區。我是溫室裡的花草，從不曾見過如此貧困的地方。我從不曾行經這種不像路而更像是坑洞的街道，也不曾需要在走路時留意遍布在人行道上的垃圾。用木板把房屋門窗封住以求防護的現象是城市「不好的那邊」的專屬現象，而像我這種得天獨厚的小孩總是離那一側城區遠遠的，除非我們想故意惹毛父母，或是設法在朋友面前耍酷。

就這樣，所有過去二十年間我從新聞媒體吸收到的關於中美洲的醜陋刻板印象——游擊隊、販毒集團、綁架、疾病——彷彿躍然眼前。我在成長過程中一直被教導要害怕這種地方——「必須避開的地方」——而現在，那個教誨突然又從心底湧出，在我的心湖表面激盪。

我究竟在這裡幹嘛？這傢伙到底要把我載到哪裡？

7 譯註：鮑伯．魯斯（Bob Ross），一九四二—一九九五，本名羅伯特．諾曼．魯斯（Robert Norman Ross），美國畫家。魯斯原任職於美國空軍，派駐阿拉斯加期間，受當地山岳和雪景激發，開始創作繪畫，退役後繼續從事繪畫，並從一九八二到一九九三年主持美國公共電視網（PBS）繪畫節目《歡樂畫室》（The Joy of Painting），成為家戶喻曉的人物，網路發達後很快也成為網紅。

我獨自一個人來到陌生國度，跟一個我不認識的人坐在同一輛車裡，他說的是我不會說的語言，而我完全不知道我們正往哪裡去。這樣實在不聰明，這樣的確不正常，這樣真的不安全。**這就是為什麼大家不願意離開自己的國家**。

「Aqui（這裡），」司機忽然開口——這是我們整個對話中出現的第三個也是最後一個詞語。然後他的車子和我腦海中高潮迭起的劇情，同時在尖銳的煞車聲中嘎然而止。我被震回現實，定神望向車窗外。

我太過擔心一堆「萬一……怎麼辦」，結果沒發現景物早已改變。我們已經來到不一樣的地段，房屋變得比較大，路面鋪設平整，附近的公園清爽宜人，街道乾乾淨淨。我們停在一間美麗的西班牙風格旅館前，這裡的景色跟我心中的期待吻合。對心中那個年輕、缺乏經驗、在溫室中成長的我而言，這讓人覺得比較安全、比較放心。

「好吧，」我心想，「也許我太快下判斷了。這國家看起來似乎不壞嘛。」

司機把我的旅行袋擱在旅館大廳，一言不發就走了。我連賞他小費的機會都沒有。

我給前台服務員報了名字，他用目光掃視身前的一張文件。

「啊……對，太好了！純粹人生旅行社！」他面帶微笑地抬頭看我。「歡迎來到哥斯大黎加！這是你的鑰匙。一切都安排好了！這是你的領隊留的訊息。」他指了一下桌上的一個告示，上面寫了要我們第一天自由活動，下午六點回到旅館參加歡迎會。

我走到我的房間，在那裡看到另一個旅行包，我的室友已經在那裡了。他的背包是皮革材質，有領襯衫整齊掛在衣櫥中，褐色鞋子擺放在房門附近，這一切在在透露出某種我極度缺乏的自信，他顯然一點也不擔心夜半三更可能會因為外面發生政變，而必須火速衝到機場。

我坐在床上，深深吸了一口氣。我從小就是個怪咖。是那種喜歡玩魔法風雲會（Magic：The Gathering）、龍與地下城（D&D）之類的遊戲，或為了好玩而讀完整版《悲慘世界》[8]（*Les Misérables*）的小孩。上中學以後，我一直等著進入快速發育期，不過到了高中畢業舞會和畢業典禮，我的高個兒美夢仍舊是一場空。就連在朋友圈裡面，我也覺得自己很不酷。怪咖中的怪咖，大家相約出去玩的時候是最後一個接到電話的人。

那個笨拙的怪咖聲音一直留在我的腦袋裡，跟著我進了大學。所以無論我的成績有多好、無論我交的朋友有多優秀，我老是感覺自己無法融入。大學照理說應該是個新的開始，但我好像從來不覺得在打造全新的、更好的自我的這個方面，我有了什麼長足的進

8 譯註：《悲慘世界》（*Les Misérables*）是法國作家雨果（Victor Hugo）發表於一八六二年的長篇小說，十九世紀最偉大小說之一。小說描繪一八一五到一八三二年間幾個法國人物的生活背景，主軸圍繞在獲釋罪犯尚萬強試圖贖罪的歷程，並檢視他的贖罪行為與當時社會環境的關係。這部作品篇幅宏大，除人物故事外，描繪社會、歷史、文化、政治、道德、宗教，乃至巴黎建築與城市規劃等諸多背景層面鉅細靡遺。

步。我的宿舍裡住了另外三個名叫馬修的人，其中一個竟然是籃球選手，而我是幾個馬修之中最矮的那個。忽然間——根本就是第一天——我就被起了「迷你馬」的小名。這不是你會想要的名字——永遠都不可能想要。那就像打電玩的時候，你很早就搞砸了，然後立刻知道接下來整局遊戲只會是一場爛仗。不如慷慨就義，全部重來。在得到任何機會以前，我重新發明人生的機會就已經不見了。

大一結束時，我按了「重新設定」按鈕，轉學到另一所學校。我心想，「只要我能到某個新的地方，到某個沒那麼多馬修的地方，我就可以重新開始，在別人為我下定義以前先定義自己。這樣我的所有問題就解決了。我需要的只是一個嶄新的開始，然後我就可以從第一頁開始書寫自己的故事。」

新的衣服，新的髮型，新的我。**我是這裡唯一的馬修**。

在麻薩諸塞大學阿默斯特分校（University of Massachusetts Amherst），我參加了一個兄弟會，擔任活動委員，發展出廣闊的朋友圈，開始跟女生約會，逐漸活出自己的色彩。大家都簡單地叫我馬修，我學著假裝有自信。不過假裝有自信跟擁有自信很不一樣，假裝有自信沒辦法讓我擺脫內心那個笨拙的小孩——仍舊覺得自己看起來像某個人的弟弟，仍舊是那個大家不會真正想約出去一塊玩的人、弱咖。而現在，在離家四千英里的一個旅館房間裡，在一個不是我選擇的室友旁邊，我很擔心接下來的十天會重新上演高中和大學場景

（我的第一次和第二次人生試鏡）。

這種行為模式很難打破。我們害怕受傷，所以不讓任何人靠得太近，以免他們傷害我們。當時我沒有明白這點，不過那是我第一次有機會跟一個旅伴交流，在旅途上認識新的人，而我馬上就把對方套進我的舊有人生模式。我們連話都還沒開始說，我就忙著透過被恐懼、焦慮和排斥心理染色過的濾鏡處理「他」這個新元素。現在我了解，我用那種反應方式面對大多數我剛碰到的人。他們花了多久時間才看透我身上這薄薄一層自信的假漆？他們花了多久時間才發現隱藏在那底下的脆弱怪胎？

在此同時，大學轉校的經驗為我帶來一個不同的模式。只要我想，我就可以書寫我自己的故事。無論如何，這個旅途上沒有人認識我。當然，旅行和進一所新的大學不一樣。熟悉的事物少多了，不舒適的部分多得多。而因為相對於你原來的人生，參照點變得少之又少，你反而有了更多的自由，讓你塑造新的人生。

旅行充滿陌生元素，促使你跳脫熟悉的人生模式。旅途上的我們跟在家的我們不一樣。我不知道究竟是旅途上的我們比較接近我們的真我，還是在家的我們；老實說，在人生中經歷過那麼多改變以後，我不確定「真我」這個概念是不是真的那麼有用。不過我可以說，生活在旅途上的經驗讓我有機會可以停止假扮自信，開始真正構築它；停止把自己假扮成一個新的人，開始變成一個新的人。

在哥斯大黎加，我可以擺脫家鄉的包袱，創造我自己的故事。我不知道任何人的過往。他們也不知道我的。我們在家鄉的人生不重要。沒有人在意。唯一重要的是我們在那裡、在那個當下的行為表現。

那麼，如果事情沒那麼順利呢？誰在乎！再怎麼說，我也不會再見到那些人！

我們都會在心中描繪出某種理想自我的形象。無論那是音樂天才、能駕馭一整群聽眾的人，還是每天跑步、擅長說機智笑話、飽讀經書，或走路有自信的人。在我們的心目中，那個理想的自我是存在的，只是它被我們存在於日常生活中的版本抑制住了。這個版本的我們不斷自圓其說，設法找到合理化的說詞，以解釋**為什麼**我們不是理想中的我們，為什麼我們一再失敗。

但在哥斯大黎加，那些自圓其說和自我合理化逐漸消融。我有了一塊白淨的石板，可以刻畫任何我想要變成的人。我可以當理想中那個好玩的我。我可以在醒來的時候問自己：「又好玩又有自信的馬修打算做什麼？」而不必擔心是否有人會冒出一句「喂，那不是真正的你！」沒有人知道真正的我。沒有人知道我的羞澀，我的缺乏安全感，我的怪咖性格。他們只知道現在的我，而只要這個我樂於接受一切，不會表現得像個怪咖，旅伴們都很樂意結交我這個新朋友。因為他們跟我的處境完全一樣——他們也在實驗新的自我，某個又外向又好玩的旅行自我。

旅行團轉移陣地到哥斯大黎加中部小鎮阿雷納爾（Arenal）的時候，又好玩又有自信的馬修終於第一次大顯身手。阿雷納爾是著名的旅遊勝地，擁有湖泊、溫泉、岩洞、一座巨大的瀑布，以及一座也稱為阿雷納爾的火山。某天吃早餐時，我問團裡的兩個女生想不想在午餐後一起去健行。我並不是什麼健行愛好者，我也不是那種會走向兩個陌生人，請他們一塊做點什麼的人，更不用說一起健行，即使我們在過去一個星期已經變成某種程度的朋友。但我居然那麼問了，而令我驚訝的是，她們竟然答應了。

那天午後，我們搭計程車前往阿雷納爾火山國家公園入口，然後步行進入叢林。叢林常忽然變得稀疏，露出像蛛網紋般遍布在山側的岩石步道。這些山巒是很久以前火山爆發的殘留物。我們離開主要步道，沿著碎石小徑前進，看這些小徑會通到哪裡，純粹只是為了探險和發現。我覺得自己像印第安納．瓊斯[9]（Indiana Jones），在岩石上跳來跳去，爬

9 譯註：印第安納．瓊斯（Indiana Jones）是喬治．盧卡斯（George Lucas）導演的冒險電影《印第安納瓊斯系列》主角，其身分為考古學教授，由哈里遜．福特（Harrison Ford）飾演，最著名形象是頭戴牛仔帽、腰掛長鞭的探險家裝扮。

上巨大的石頭頂端，請我的新朋友幫忙拍照。一夥人跟隨不知名當地鳥類的飛行路線前行，搞到最後迷路了。

我們想要及時趕到火山西側的湖泊觀賞日落，但我們的地圖上沒有任何指示能幫助我們找到去那裡的路。碰到這種狀況，我只能推託說旅館提供的地圖太簡單、太籠統。地圖顯示出「官方步道」，但許多沒有名字的支線標示得很不清楚，甚至完全沒有標示。大部分的時間我們根本不知道自己走在哪條步道上。又好玩又有自信的馬修告訴自己，這一切都是新的旅行冒險之所以刺激有趣的原因。是很刺激有趣沒錯，只不過夕陽西下的時分已經到了。

我們走的每一條路，從其他路過的健行者那裡問到的方向，似乎都在把我們帶進火山邊坡森林的更深處。我們沿著一些小徑走，但小徑驟然中斷。我們原路返回，找到新的步道，結果頂多只是在兜圈子。頭頂的天空被染成深粉紅，白晝逐漸變成黑夜，蚊子開始跟蹤我們的汗水氣味，飛來獵擊我們；由於不再有成百上千的健行遊客侵擾，動物紛紛從樹叢出來獵食。

後來我們的手電筒沒電了。在令人發毛的黑暗中，我們三個人輪流用相機螢幕的光線勉強照亮那張爛地圖，設法猜測返回主要道路的路線。每一次誤入歧途，我的焦慮感就再度高漲，三人健行團更加驚慌失措。我不記得後來是誰用什麼辦法把方向搞清楚的，不過最後我們終於走上一條泥土路，然後泥土路接上大馬路。有大馬路就有汽車，有汽車就有人，有人就表示我們可以回去。

來到公路時，路上空空如也，一輛車也沒有。我們又累又餓，安靜無聲地踏上返回旅館的漫長路途。一路上我都在擔心這兩個親切友善、信任別人的女生永遠不會再跟我說話。感謝老天，在我墜入這種晦暗的想法難以自拔以前，一輛車在我們後方的山脊上出現了。司機看到沿著路邊坎坷行進的我們，把車速放得很慢，然後停車問我們要不要搭便車。我們三個連想都沒想，一下就擠進後座。一個星期以前，我還不確定怎麼從機場前往旅館，我非常害怕坐上任何不是官方認可旅遊巴士的交通工具；而現在，我竟然在搭陌生人的便車。

司機把車開走以後，我們不約而同地回頭望向火山，看著熔岩從山側往下流，使火山閃耀紅光。那是好幾個小時中我們第一次有時間停下腳步，欣賞那個美景。最初誘引我們出發健行的，就是這份美麗。一種超凡脫俗的美。我們的心情忽然間就昇華了。我在半天之內感受到的興奮，超過我活到這天以前的大半輩子。更要緊的是，我有了故事。**我們有了故事**。一**個共享的經驗**。這個故事將我們以旅行者的身分維繫了起來。

在家鄉生活的時候，我可以預先規劃接下來幾天或幾個月要做什麼。我知道每個星期會把我推進到哪裡。沒有神秘感，沒有「下一個轉彎後是什麼？」這種問題。我會起床、打理自己、通勤、上班、吃午餐、繼續上班、通勤回家、做晚餐、看電視、發誓明天一定要開始上健身房——連續五天都是這個循環。這個例行常軌中變化極少，大不了趁著酒吧促銷的快樂時光便宜喝酒，看場電影，或找間館子打牙祭。週末的時間被我用來處理生活雜務。

哥斯大黎加正好相反。每個日子都沒有經過事先計畫，充滿刺激和冒險。我想做什麼就做什麼，跟來自世界各地的人做朋友，把自己推向極限。這一切充滿解放能量，沒有道德判斷，沒有社會包袱。我在參加這個旅遊行程以前做過的任何事都不重要，唯一重要的是跟這群新朋友一起活在當下。離開阿雷納爾以後，我們又爬了一些山、玩空中飛索、進入洞窟探險、出海欣賞海豚、近距離觀看野生動物、探索熱帶叢林。每一項活動我都參加了，沒浪費任何一個機會。

哥斯大黎加讓我看到一個不必通勤上班的世界，美好時日無縫接續。你不必每天連續好多個小時穿著鞋子、可以跟陌生人聊天、可以迷路。每天都如此不同，有時我不禁心想，在就寢時間來到時，我是不是已經活了三輩子。日子彷彿無盡伸展，扭曲了我對時間的感受。我們的活動多到連前一天才造訪的地方都覺得好像是好幾年前去過的。時間不像在家鄉時那樣無可奈何地拖拉，而是放慢了腳步，好多事不斷發生，於是它就無止境地延長了。

這跟多年來我在家鄉認識的那種充滿常規、一成不變的生活形成尖銳的對比。現在，我已經看到一個不需要有常規的世界。這就是旅行之所以美麗的原因。現在，我明白為什麼那麼多人喜歡出去度假，而且對那些前往陌生國度、遙遠他方的旅程總是讚不絕口。你可以掙脫所有羈絆！我擺脫了一成不變的日常，但也擺脫了那個已經逐漸厭倦的自己，擺脫了我該成為什麼樣的人的種種預設立場。我第一次覺得在自己的人生中坐上了駕駛的位置。我成了我一直認為我可以成為的人。我終於辦到了。

我沉浸在這份高潮中。

我還要更多。

第二章 迎向未知

旅行的整個目的並非落腳在他方；
旅行的最終目的是落腳在可以定調為他方的故鄉。

——G．K．卻斯特頓[10]

飛機平安降落在波士頓。我跟著指標走到行李提領區，聽著公共播音系統宣布的資訊（「安全第一，人人有責」）。四面八方都是英語。一切都熟悉、清晰、簡單易懂。

10 譯註：吉爾伯特·基斯·卻斯特頓（Gilbert Keith Chesterton，1874-1936）是英國作家、文學藝術評論家、神學家。除研究基督教辨惑學外，他也致力推廣和撰寫推理小說，創造著名的天主教教士兼偵探布朗神父（Father Brown）。卻斯特頓的小說以直覺和犯罪心理學為推理案情的依據，與福爾摩斯（Sherlock Holmes）注重物證演繹的推理派別形成鮮明對比。

我回家了。

我彷彿可以感覺所有官能褪回平日的遲鈍，我的身體和心靈開始準備承受生活常軌的無盡循環。那一切發生之快，令我驚奇不已。我坐進室友的車子時，哥斯大黎加已經成為一份回憶，二十多年的習慣所累積的力量重新施展權威。

我打開公寓門鎖，按下電燈開關，開窗讓室內通風。這是我窩在沙發上的地方，這是我沖熱水澡的地方，這是我周而復始、晚上睡覺白天起床的地方。這讓我想到《鬥陣俱樂部》[11]的經典台詞：「我很愛那個狗窩裡的每一個爛家具。」每一件家具都是我費盡苦心從宜家家居選購的，現在我看到它們卻感到嫌惡。我只要閉上眼睛，就會看到那個循環來回反覆，月復一月、年復一年，一直旋轉到久遠的未來。完全可以預期的慣性彷彿身上的重壓，而為了加以制衡，我發現自己在淋浴間、在通勤的路上、在書桌旁、在我自己組裝的沙發上，想像著**他方**。

這個神話般的地方成為我所有欲望的投射焦點。**他方**是在辦公室接電話、填寫表格、添購物品，或盯著電腦螢幕之外的其他任何地方。那是一個由陌生的土地與文化所構成的地域，其中蘊含著在咖啡館與新朋友一起歡笑的聲音、健行的樂趣、無窮的發現、無盡的自由，以及毫無阻礙的可能性。

知道外面有某種更好的東西前，把時間耗在輸入報表資料是一回事；但現在哥斯大黎加已經喚醒我內心那股新的欲望，於是繼續在枯燥平凡的生活中打滾就變成非常難以接受的事。

以前的我在沉睡，現在的我已然清醒。

現在，我已經知道世界上有某個地方，那裡有一些像我這樣的張三李四在生活，或者至少是在那裡度過比一個星期的套裝行程要長很多的時間；於是，我全心全意想要奔向那樣的地方。那個他方。

那裡才是我的歸屬。

我本來應該感恩自己在生涯規劃的階梯上占有一個（底層的）位置，但在短短幾星期間，那個階梯彷彿變成健身房裡的樓梯機。一台不斷循環運作的機器——如果你願意配合的話，它的確能讓你變得更強壯，不過有一個必要條件：在機器上待更多時間，做更長的

11 譯註：《鬥陣俱樂部》（*Fight Club*）是一九九九年上映的一部美國黑色幽默劇情電影。不具名的主角生活苦悶，藉由郵購各式各樣的高級家具來排解，但情況無法改善，後來嚴重失眠。某次遇到商人泰勒，當晚發現自宅被炸毀，於是搬進泰勒家借住，因緣際會下兩人創立一間拳擊俱樂部，讓會員透過自由拳擊的快感宣洩情緒。後來俱樂部發展成全國性暴力組織，主角則發現邪惡的組織教父泰勒不但是炸毀他房子的元兇，而且其實是他自己的另外一個人格。本片劇情及敘事風格強烈，普遍被定調為邪典電影（cult film）。

訓練。

驚覺自己屬於其他地方——這種體認是調製旅行渴望的重要素材。這也是為什麼我們會對自己的工作感到萬分沮喪，想辦法趕緊脫離。

外面有個更好的世界，我必須盡快趕到那裡。

工作鬱悶的時候，我會做白日夢。搜尋旅遊資料，閱讀旅遊書籍。我在視覺上讓自己留在他方，同時緊密留意休假日數的累積情況。我在接下來的月份上打勾，等待年度重新計算的時間點，屆時我就可以衝出辦公室，奔向飛機，像學期最後一天下課時的小孩。

二〇〇五年，我終於把勾勾打到年度結束，又可以休假了。我找了一個朋友，挑了一個地方，用最快的速度上路。

朋友叫史考特，地方是曼谷（第一站）。出發時間是一月，**一月初**。

我的他方來報到了。

泰國會跟哥斯大黎加很不一樣。我們在泰國不會參加有導遊的行程。不會住度假村。不會有預先安排的陌生室友。**他方**不可能以那種套裝旅遊的形式買到。

我已經做過跟團旅遊的事，而現在有個朋友在身邊，我覺得完全可以不靠導遊協助，輕輕鬆鬆地旅行。我的訓練已經完成，現在可以真槍實彈上場。

在曼谷的第一天早上，我們決定雇用一艘小船，沿著昭披耶河[12]遊覽。我們想去逛一處水上市場，因為根據網路上的資料，水上市場是東南亞河流的一大特色。

計畫看來輕而易舉。不過走出旅館，上了計程車，狀況就出現了。首先，曼谷的計程車不跳錶[13]，這意味著我們得讓司機擺布，他把我們送到目的地時要我們付多少錢，我們就得付多少錢。而當他偷聽到我們這天的計畫時，我們又被迫受他擺布，因為他決定親自幫忙，直接把我們載到他的朋友那裡，並誇口說對方會給我們「特別價」，遊河加上水上市場，肯定開開心心。

特別價有多特別，我們不會知道，總之不是很享受的經驗。我們被帶去的水上市場根本不算什麼市場，只是個坑遊客錢的地方，放眼望去只有幾個本地人在賣廉價品給像我這樣的人。史考特和我坐在船上，不知被那些小販糾纏了多久，我們被困在僵局中，船夫要

12 譯註：昭披耶河（Maenam Chao Phraya）是泰國第一大河，發源於泰北山區，在出海前流經曼谷市區。過去曾被許多語言誤譯，如中文「湄南河」、英文「Mae Nam River」，日文「メナム川」（Menamu Gawa），這是maenam（河流）一字被當成河流名稱的結果。

13 譯註：近年情況已經改變，目前曼谷大多數計程車都實施跳表。

我們買東西，我們要他繼續開船。最後，看到我們什麼都不買，他眼睛一眨，就把船掉頭往回開了。

回到岸上，我們因為第一次獨立旅行以失敗告終，覺得心情低落，悻悻然地照著旅遊指南，轉往從前泰國王室的寓所——大皇宮。雖然這座皇宮除了王室典禮和國是訪問以外，已經不再使用，不過它仍舊是曼谷最重要的觀光景點，裡面包含許多寺廟、雕像、浮雕牆和各式建築物。我們來到皇宮的宏偉圍牆，牆身非常高大，深藏在內的華麗寺院都被遮住，只露出頂端。

不過眼前大門緊閉，四周一個遊客也沒有。

「午餐時間關門，下午兩點才開，」一名泰國男子走過來告訴我們。「這段時間我可以帶你們去看其他寺廟。很便宜喔！」

史考特和我才剛吃了船夫的虧，現在還很謹慎。不過既然皇宮大門深鎖，附近又沒有其他人，與其呆坐在原地哪都不去，到別的地方看看似乎是比較好的選項。

我們坐進那個人的嘟嘟車，快速穿越一條巷子，開進大路的車流中。汽車塞得動彈不得，摩托車在車陣中鑽來鑽去，滿街的嘟嘟車則不斷堵住這兩個車種，強勢變換車道。車子停停走走之間，我們見識了這個我們還沒看過的城區。路邊都是小販和小吃攤，不只占滿人行道，還溢流到路面上。沿路到處是垃圾。空氣中飄盪著一股怪味，我以前不知道空氣汙染會散發這種氣味。這一切都在襲擊我的所有感官，也挑戰了我的認知。然後忽然間，我有種不對勁的感覺。我翻開旅遊指南，看到一段關於寺廟遊覽詐騙的說明。**他馬的**，我們重蹈覆轍了。

我抬頭看著司機，對他說：「我們不去商店，只看廟。」

「好，」他邊說邊在後視鏡裡露出笑臉。「只看廟！不去商店！」

不過，就跟書上說的一樣，他當然把我們帶到商店去了。假如史考特和我在飛機上勤快些，先讀了這一段，就可以提早知道這件事。這傢伙還真帶我們去了不少寺廟，不過每座廟旁邊剛好都有他認識的店家。第一個是珠寶店（他說只是要我們隨便看看），然後是紀念品店，後來是西裝店。

我設法屹立不搖，不過後來史考特還是心軟買了一套西裝。這個交易完成以後，我們的寺廟之旅就突然結束了。我事後才弄清楚，這整件事絕對不是偶然，而是計畫。店家雇用司機，司機負責用「寺廟之旅」的名義（而不是沒有人會要求的「購物之旅」）把不知情的西方客人帶上門。等到哪個凱子買了東西——沒錯，我們就是凱子——他的錢賺到手，對我們的義務也結束了。

我們重新坐上那人的嘟嘟車，他直接把我們載回大皇宮。這趟「寺廟之旅」不會再有其他廟宇或宮殿。

他把我們丟下以後，我張望了一下周遭，發現好像有什麼不一樣。這裡不是原先那個廣場，現在我們身後有一個大運動場，還有很多建築物。我恍然大悟。

先前我們之所以不得其門而入，是因為那個地方是大皇宮的**後門**。假如那時我們繞著走一圈，就會發現皇宮入口是開的。我們的機靈司機早就知道這點，而且他很聰明，特地載我們走一條小巷，以免我們看到真正的入口。

好一個狡猾的混蛋。

在我跟家人一起做公路旅行或去主題樂園玩的童年時期，如果有人談到這種詐騙，所有人都會為之色變；在遊客會碰到的倒楣事中，最糟糕的莫過於詐騙。

可是我到曼谷第一天，就碰上詐騙——而且被騙了**兩**次。

隨著時間過去，我們逐漸發現，如果旅行的時候沒有偶而被騙，那就表示你旅行得不夠努力。會碰上詐騙的，是那些去到陌生地方、搞不清楚狀況的人，還有那些不參加合格旅遊行程、或偏離指南建議路線的旅人。造訪陌生的地方、稍微迷一點路，這卻正好是我追尋的**他方**，即使這代表必須在某種程度上冒一些風險。當然，我絕不會建議大家完全放下警覺，讓自己置身在真正危險的情況中。不過大多數詐騙家跟那個嘟嘟車司機一樣，只是要從遊客身上撈些小錢養家糊口。不老實是沒錯，不過基本上不會害人。如果你不會偶爾碰上那種人，那就表示你在安全泡泡中旅行。或者你根本不是在旅行，只是在度假。

在某方面來說，詐騙可以讓人成長。它會幫助我們意會周遭某些人的意圖，讓我們從錯誤中學習，提醒我們不要犯相同錯誤。

我的真正目的——那時的我距離這個目的還非常遙遠——是超越隨時隨地遭遇詐騙的階段，不斷把自己放進旅遊指南沒有描述的狀況，同時卻能維持機智警覺。那至少可以說是一項進行中的工程。

那天開始的時候，我覺得自己很上道；一天還沒結束，發生的事情已經提醒我，我只是個菜鳥，該學的還很多。這個世界用很奇妙的方式，不斷壓制人的銳氣。

曼谷以它特有的方式為我帶來新的體驗：一種從期望變成失望的經驗。北上清邁時，我們超級高興能把那些天殺的期望拋在身後。曼谷給人的感覺是空氣汙染、擁擠不堪，充滿霧霾、詐騙和死命糾纏的小販。我們盼望泰國其他地方的情況會比較好。不管怎麼說，如果每年有數以百萬計的人造訪這個國家，**肯定**有什麼理由。規模較小的城市、叢林旅遊、在海灘上悠哉度日，這些都讓我們拭目以待。

來到清邁的第二天，我讀到一個資訊，介紹位於城外山巔的名剎——素帖寺。這是清邁最負盛名的寺廟，據說廟區中央的寶塔中安放了佛陀本人的舍利子。一條精雕細琢的三百零九級階梯通向廟區，居高臨下，視野廣納周遭的鄉野；僧侶在這裡帶領信眾吟誦佛經。

史考特不想去，可是我不願意錯過任何可能的冒險，所以我獨自前往。

前往這座寺廟的巴士是一輛經過改裝的輕便卡車，車上設有長條木頭座椅，還加裝了頂棚可以遮雨。坐進那輛車以後，我的人生方向改變了。現在回顧起來，我可以說，就在那個時候，我在哥斯大黎加種下的種子開花了。我的人生在那一刻來到了轉捩點。

巴士裡有五個人：三個加拿大人，包括一對情侶和一個他們在泰國南部的象島（很多人跟我說那裡是人間天堂）認識的電燈泡；還有一對比利時夫妻，他們很瀟灑地休了一個月的假，到泰國躲避布魯塞爾的寒冬。我們打開了話匣子。

你是哪裡來的？旅行多久了？去過哪些地方？都在做些什麼？

這些都是旅行的人習慣互相問的典型問題，目的是建立對話基礎和共同默契。我們用來建立連結的題材是大家都有的共同點：旅行。

他們聽到我說一年只有兩星期的假，都覺得匪夷所思。

「那你一整年其他時間打算做什麼？一直待在家鄉嗎？」他們問我。

「我沒有真正想過這件事，」我聳聳肩說。「目前我只是想出走一陣子。其實我也可以請病假出來玩，不過這大概是我今年唯一一次度假了。我覺得我沒有財力多做一趟旅行。」

「美國人的休假政策是全世界最糟的，」那個獨自旅行的加拿大人語帶鄙夷地說。

「這麼說好了，我可以按照自己的意願累積假期，如果獲得允許，還可以多休一點，但我想頂多也是三個星期，而且就算這樣，我還是覺得一年只能度假一次。不過這個前提是我沒生病，而且又必須把那些假消耗掉。」

「我無法想像一年只度假一次，」比利時情侶中那個男的說。「比利時人有兩個月的假，而且多數人八月也會休假。人不應該為工作而生活。世界上有太多東西可以看了，必須好好活出自己的人生才對。」

我和我的新朋友們繼續討論旅行、休假和怎麼做自己喜歡的事。言談之間，我才發現我說的情形是非常獨特的美國現象。

這些旅人說，全世界沒有其他人像我們那樣做。他們認為沒有其他人會接受那樣的條件，甚至完全不會花心思考慮。他們說的有道理。

美國人用時間換取金錢，雖然我們都抱怨這件事，不過這是我們已經維持了好幾十年的安排。即使目前休假旅行和離職長假已經變得比較主流，這種根本性的人生安排仍然沒變。長時間休假完全不在我們的文化標準認可範圍內，而且我認為永遠都會是這樣。

在旅途上度過的年月中，我遇到來自世界各地的人，而在他們的文化裡，都不存在這種抵換現象。即便是以超時工作聞名全球的日本人，就連他們的休假比例都比我們高，他們的休假制度也比美國勞工有彈性。最近一些報告[14]指出，將近半數美國人完全不休假！半數！

換句話說，就算我們被允許休假，我們也不休。

我坐在粗糙的木造長椅上，它的舒適度遠不及我在家鄉波士頓花大錢購買的沙發。車輪滾動中，我們逐漸升向安詳靜謐的佛寺。我開始看清這種時間與金錢之間的抵換，在本質上其實是一場魔鬼交易，而它讓我們非常不快樂。

我真的已經消耗掉一整年的假期配額嗎？接下來這整個年度，我打算做什麼？這些人怎麼有辦法休一年的假？他們怎麼處理工作和收入的事？他們有什麼訣竅？他們是不是很有錢？看在我眼裡，這些人的生活方式跟我們一起搭車遊歷的國家一樣陌生，但我不由自主地對他們享有的自由感到艷羨。

我確實想要出走，好好體驗世界，活出精采人生，而不是天天坐在辦公桌前。在我的感覺中，人生是在旅行的時候發生的。在旅途上，我覺得最自在，最有生命力，而且更重要的是，我最快樂。

參觀完素帖寺以後，那天晚上我就寢時，他們的話語像雲朵般籠罩著我。

隔天，史考特和我上了一堂烹飪課，結果發現那三個加拿大人也是學員。冥冥之中，這個世界好像要告訴我什麼。緣分讓我們重新聚在一起，現在我要好好利用機會，打破砂鍋問到底。在一間小餐廳的廚房裡，我們（笨手笨腳地）做泰式炒麵和辣咖哩，在整個上課過程中，我把前一天夜裡不斷在腦海重複播放的問題一個個搬出來煩他們。

你們是怎麼存錢的？

我們努力工作、儲蓄，把省下來的錢當作旅行資金。我們有時會在旅途上工作，打一些零工，讓我們可以旅行更久。其實旅行的時候有很多賺錢的方法，不過因為東南亞很便宜，我們現在連打工都不需要了。

你們的父母呢？他們怎麼想？

---

14 原文註解：https://www.ustravel.org/research/state-american-vacation -2018

我們的父母只有在我們連續好幾個星期忘了打電話給他們的時候才會生氣。

喔，可是這樣旅行安全嗎？

的確要小心被坑錢和詐騙，不過我不覺得有人身安全問題。世界上的人通常都是好人。你們美國人習慣把世界看成一個本質上充滿危險的地方，事實並不是這樣。

那計畫方面呢？你們是怎麼規劃這種旅行的？

這有點像學習順其自然。起先我們做了很多計畫，不過後來計畫一直改變。你會喜歡某個地方，然後待久一點，也可能討厭某個地方，一下就走人。通常我們是在去某個地方前幾天才決定去那裡。

你們會說當地語言嗎？找路問路會不會有困難？

不會。很多人會說一些英語，所以不難應付。比手畫腳也很有用。

你們怎麼控制預算？所有花費都要規劃好嗎？

旅行其實不會很花錢。儘量吃本地人吃的東西，住便宜的旅店或民宿，搭乘大眾交通工具。我在這裡幾乎沒花什麼錢，啤酒是我最大的支出，尤其是跟加拿大相比的話。在這裡吃一頓飯連一美元都不到。

生病的時候怎麼辦？你們的未來發展呢？工作方面怎麼處理？

老兄，世界各地都有醫生。現在不是十七世紀，不管你到哪裡，都買得到你需要的藥品。好吧，也許在非洲叢林裡買不到，不過在泰國絕對沒問題。至於未來嘛……你忙著做別的計畫的時候，其實精彩的人生正在發生。那些事我們回加拿大以後再煩惱就好。

我瞪大眼睛聽他們的回答，這群人變成我心目中的英雄了。

他們似乎已經解鎖了一個關於旅行的秘密，而我至此連這個秘密的存在都還不知道。

他們越是跟我分享他們的生活方式——認識來自世界各地的人、住在海灘上的木屋、享用美味又便宜的食物、搭乘當地的交通工具、參觀數不清的景點——我就越覺得羨慕。他們活出了**我的夢想**，而我只是從美國人「為生活而工作」的悠久歷史短暫脫身。他們是此中的大師，而我只是在消耗我的休假日數。

我想要親身體驗那樣的人生——嘗試那樣做，看我是否能讓它變成我的生活方式。所以結束清邁行程返回曼谷以後，我說服史考特在考山路多待一晚。考山路是東南亞的背包客大本營，我想測試當背包客到底是怎麼一回事。我要登場扮演一角，看那個舞台適不適合我。我要先「假戲」一番，再看是不是能「真做」。

那天晚上，在一間酒吧裡，我想像自己成為「背包客馬修」——一個靠一個大背包生活的人，大膽不羈、勇於冒險，永遠在旅途上闖蕩，跟陌生人搭訕聊天毫無問題。我走向一名我未曾見過的女子，邀請她到我們這桌一起喝酒——這是我在家鄉活一百萬年也不可能做的事。

「我真的辦得到這件事！」隔天史考特和我再度離開曼谷時，我心裡這麼想。我可以住宿在破舊的青年旅社，吃廉價的路邊攤，跟陌生人說話，投入人生的冒險。或者更簡單地說——**終於擁有一份人生**。

經常有人說，旅行的意義不是看到一些新的地方，而是用新的方式看到你原來的地方。我像看到哥斯大黎加那樣看到了泰國，但更重要的是，我逐漸開始看到自己的家鄉作為一個外國，看起來是什麼樣子。在這群我心目中「新的英雄」陪伴下，我從泰國遠觀自己的人生，發現它比我原先想像的渺小很多。從小到大，我一直被灌輸一個觀念，認為美國是全世界最棒的地方。最大、最富裕、最自由、最重要的國家——「山丘上的光輝之城」[15]。縱使在我們國境以外的地方有很多事在發生，但國境之外的所有人都憧憬美國。在所有方面、對所有其他人而言，我們都是典範。

15 譯註：「山丘上的光輝之城」（the shining city upon a hill）這個比喻出自美國前總統雷根（Ronald Reagan）於一九八九年卸任時，對美國人民發表的告別演說。雷根在該演說中闡述美國作為「山丘上的光輝之城」的理念：「在我心目中，（美國）是一座高聳而驕傲的城市，它矗立在固若金湯的磐石之上，受狂風吹拂、蒙上帝恩典，哺育生活在和諧與安詳中形形色色的萬千子民；一個擁有自由港埠的城市，創意淋漓、商貿繁盛。倘若必須建立城郭，將處處開設城門，迎接任何有志且有心前往那裡的人們。」「山丘上的城市」原是聖經對聖城耶路撒冷的比喻，上帝把耶路撒冷許給以色列人。《馬太福音》五：十四有這句：「爾乃世之光，猶建邑於山，無以隱藏（你們是世界的光；建在山上的城是不能隱藏的）。十七世紀上半葉，英國清教徒約翰・溫斯羅普（John Winthrop）渡海到美國時，船尚未抵達麻薩諸塞灣，他以「基督徒慈善的典範」為題，向眾人佈道，其中提到「我們必須體認我們將如同山丘上的城，全民的目光都將投向我們。」此後「山丘上的城」常被用來形容美國。

而在這個美國泡泡內部，還有另一個泡泡——我在那個泡泡中過著年薪三萬美元的生活。我們告訴自己，這是地表最棒的國家帶來的最棒的生活：一條從上學到工作到擁有房子到退休的道路，期間每年穿插著一兩個星期的假期（最常見的情況是到迪士尼玩）。那就是人生，所有其他形式的人生都渴望變成那樣。那是「美國夢」。

可是在泰國，很多人完全不想過那樣的生活，很多人很高興自己來自某個不是美國的地方。很多人相信——而且他們用行動傳達這點——人生的目的是**生活**，而不是做計畫、存錢、再往上爬一階。人生的意義不是一直工作到退休，然後才終於開始你的人生。

人生的意義是當下立刻活出人生。

不過最令人激賞的一件事是，這些人看起來再**正常**也不過，他們並不是邪教信徒或嗑藥的嬉皮。本質上他們都是普通人，他們只是盡量善用上天給予他們的時間，而他們活得相當美好。

我為什麼不能也活得那麼好？我是個四肢健全的人。

從有歷史記載以來——可能是幾千年，但也可能比這個要久遠得多——地球上就一直存在著游牧文化。游牧民族經常跟比較「文明」的相鄰民族發生衝突。文明民族習慣蓋長城，游牧民族習慣隨著季節遞嬗而旅行；文明民族習慣將牲口養在圍籬中，游牧民族則習慣跟隨畜群，遊走在遼闊的平野或草原中。

雖然我試圖從歷史上出現過的游牧民族身上，借用他們的一種基本精神——不斷移動——不過現代游牧者在某個重要面向上是一種全然不同的生物。真正的游牧民族成員遊走四方是為了生存和餬口。

我想旅行，體驗世界。

我認為人類歷史上那些家戶喻曉的著名旅行家都有過跟我一樣的渴望。我想到中世紀穆斯林旅行家伊本・巴圖塔[16]（Ibn Battuta）以朝聖者、商人和官員的身分，從摩洛哥旅行到中國的故事。我也想到十五世紀初年，大將軍鄭和以中國皇帝之名出海探索印太地區和非洲的事蹟。

我深受這些歷史人物的啟發，而弗朗切斯科・佩特拉卡[17]（Francesco Petrarca）（習稱

16 譯註：伊本・巴圖塔（Ibn Battuta），一三〇四—一三六八／九），全名阿布・阿布督拉・穆罕默德・伊本・阿布督拉・伊本・穆罕默德・伊本・伊布拉辛・拉瓦蒂・唐吉・伊本・巴圖塔，摩洛哥穆斯林學者。巴圖塔在大約二十歲時決定前往麥加朝聖，自此在「蒙古治世」（Pax Mongolica）的保護傘下，踏上歷時三十年、長達將近十二萬公里的旅途，從西非、北非、西班牙、東非、東歐、西亞、中亞、南亞、東南亞到中國，走過現屬四十四個國家的領土，並撰寫《伊本・巴圖塔遊記》（全稱《一部巨作，獻給所有思索寰宇奇觀與旅行妙趣的人》）記錄這些旅行。

17 譯註：弗朗切斯科・佩特拉卡（Francesco Petrarca），中文通常按英文習稱Petrarque譯為佩脫拉克，一三〇四—一三七四，義大利學者、詩人、早期人文主義者。佩脫拉克重新發現古羅馬學者、政治家西塞羅的書信，引發研究古代文藝與思想的風潮，因此常被視為義大利文藝復興的肇始者、人文主義之父。

「佩脫拉克」）之流也激發我的無盡靈感。佩脫拉克是一位十四世紀的義大利詩人，某個時刻他的心中浮現一個瘋狂的念頭——不因任何理由而旅行。百科全書中關於他的簡要記載可以歸納成一句話：基本上他是「文藝復興」存在的原因之一。一三三六年某天，佩脫拉克、他的弟弟和兩名僕從決定攀登一座山——法國南部的梵圖山[18]（Mont Ventoux）。這聽起來也許不是什麼大不了的事，但十四世紀的人並不做「爬山」這件事，他們只是為了前往其他地方，不得不「克服」那些山。山是路途上的某種障礙，岩石嶙峋，陡峭、危險而寒冷。當時的人們甚至將山描述為「醜陋」。在某方面來說，這的確是事實：山曾經令人生厭，它妨礙你做你想要做的事，阻礙你前往你想要去的地方。

這就是為什麼佩脫拉克的念頭顯得如此瘋狂：他之所以要爬山，只是為了從山頂眺望風景。山的那邊沒有任何工作需要他做，沒有任何錢讓他賺，而那一路上也沒有任何寺廟或朝聖地點。他出發爬山就只是為了爬山。而且他說（這話也許有點誇張，但或許也不為過），他是自古以來第一個動念想要從事「休閒式登山」的人。

佩脫拉克將攀登梵圖山的經歷描述在一封信函中，這是那個時代留存至今最著名的文字作品（更精確地說是旅行書寫作品）之一。他寫道：

> 今天，我攀登了這個地區最高的山，這座山稱為Ventosum[19]，可說名副其實。我的

唯一動機是想要看看那樣高的海拔可以帶來多麼壯麗的景色。我內心想做這趟遠征之旅已經很多年了；如各位所知，我從嬰孩時期就一直居住在這個地區，因為造化弄人，將我拋向此處。因此這座大老遠就能看到的大山一直矗立在我眼前，引領我醞釀登上它的計畫，而我終於在今天實現了計畫。

其實佩脫拉克在此略有誇大其詞之嫌。假如你造訪過南法，見過梵圖山，你就會知道它不是什麼令人望而生畏的崇山峻嶺。它甚至比不上任何一座阿爾卑斯山脈的峰巒。山頂區區海拔六千英尺（相較之下，落磯山脈的主要山峰都超過一萬四千英尺），不需要任何奇奇怪怪的登山裝備，就可以在一天之內攻頂來回。佩脫拉克的特出之處不是他在有人發明登山鉤和氧氣筒之前具備了翻山越嶺的超人力量，而在於他起了登山的念頭。純粹只是為了做這件事的樂趣。

18 譯註：梵圖山（Mont Ventoux）位於法國東南部前阿爾卑斯山區，海拔一九一〇公尺，山頂是普羅旺斯最高點。梵圖山四周沒有其他高山，孤立該地成為顯著地標，俗稱「普羅旺斯巨人」，且由於經常狂風呼嘯，山上林木難生，因此也稱「禿頭山」。中文可取諧音意譯為「風禿山」。

19 譯註：根據考證，Ventoux（或佩脫拉克用拉丁文寫的Ventosum）這個地名源自印歐語系的古老字根「vin」（制高點）和「tur」（意指距離），可解讀為「大老遠就能看到的高山」，因此佩脫拉克認為是名副其實。

佩脫拉克和他的夥伴們登上了山頂。終於來到山之巔，他獲得的報償是壯闊動人的景緻——一片千百年間沒有任何人類見過的風景。

起初，由於不習慣那種空氣質地，而且受到伸展在眼前那片浩瀚風景的震懾，我呆若木雞地站在那裡。我凝望著漂浮在我們腳下的雲朵，忽然發現從前我在書中讀到的阿索斯山[20]和奧林帕斯山[21]似乎不再那麼不可置信，因為我從一座名氣比較小的山上親眼目睹了相同的事物。我把目光轉向義大利，那是我的心神最牽掛的所在。崎嶇陡峭、白雪皚皚的阿爾卑斯山彷彿矗立在近處，雖然那些山巒事實上距離遙遠……

七百年前，必須是一個天才，才能想像旅行是人可以無需任何理由而做的事。你可以單單去看某個東西，只因為它存在。就是這點令我著迷，這就是我想要旅行的方式。我遇到的那些旅行者讓我知道，你不必是個富翁，也能搭乘廉航班機，說走就走。你需要的只是佩脫拉克體驗過的那股欲望：飽覽勝景的欲望，僅僅為了見證這個寬廣的世界有多少東西可以帶給我們。

這是我心目中「現代游牧之旅」的意涵。有些人旅行是因為他們有某些特定地方要去，另外有一些人旅行則是因為旅途才是他們真正的家。他們想要竭盡所能，在他們活在世間的短暫時光中見識、經歷、活出最多東西。

在泰國，我發現那樣的人生在召喚我。湧進我腦海那個想法不像浮現在佩脫拉克心中的念頭那樣在當年充滿新意，但那仍舊令我覺得像一個天大的發現：你可以——你應該——不為任何理由而旅行。

來到預定行程的最後一站以後，某天我決定離開史考特，獨自出發探索蘇梅島。這個天堂島嶼擁有令人驚豔的白沙海灘，那樣的沙灘正是泰國聞名於世的重要原因。我發現了一小片沙灘，叫作小麗帕（Lipa Noi）海灘，那裡沒有度假旅館也沒有餐廳。當地的孩童在海中盡情嬉戲，棉枕般的柔雲高掛在高大的棕櫚樹上空，棕櫚樹則宛如拔地而起的巨爪，

20 譯註：阿索斯山是希臘東北部的一座高山半島以及東正教聖地，共有二十座修道院，在宗教上由君士坦丁堡普世牧首區管轄，在政治上則是希臘的一個自治區。

21 譯註：奧林帕斯山是愛琴海西北岸內陸的一個山群，共有五十二座高峰，其中密提卡斯峰（意為「鼻子」）海拔二九一七公尺，是希臘第一高峰。奧林帕斯山是古希臘世界核心地區的最高山群，在希臘神話中成為諸神的居住地，位於密提卡斯峰旁邊的第二高峰斯特凡尼峰（二九〇二公尺）山勢奇險無比，被視為「宙斯王座」。

攀向蒼穹與雲朵相會。我幾乎可以永不停歇地踏著平坦而柔軟的沙地，一直朝海中走去。我在水裡坐下，轉頭凝視身後的蘇梅島。

我真的再幾天就要將這一切拋在身後嗎？我真的要繼續往返辦公室，全年不再休假，不只是像愛情少年唱的那樣[22]，為了美好週末而工作，而是為了那兩個星期的年休而辛苦幹活，到時才能徹底出走？想到回去的事，我不禁感到心頭一團糾結。

自從造訪哥斯大黎加以後，我一心只想做更多旅行——前往他方——但又覺得那似乎不可能。

不過現在，我覺得好像已經為一個不知道自己正在問的問題找到了答案。如果有什麼藥方可以用來療癒我的不快樂、我的煩悶、我的缺乏自信，那不會是任何我在家鄉能找到的東西。

藥方是繼續旅行。

背包旅行正是我一直追尋的生活方式。這意味著將自己暴露在新的文化、新的地方和新的食物中。這意味著與陌生人打造立即性的友誼，而那些人與我唯一的共同點，是一股對於浪跡天涯的相同渴望。那意味著終極的自由，那讓我可以扛起自己人生的責任，而不是呆望著歲月一天天耗損消蝕。

這就是我要的人生。

就在那片海灘上，我得到屬於我的頓悟。我找到了那個清明的時刻，知道自己該做什麼。

這樣說應該若合符節。

回顧起來，我可以把辭掉原有工作、旅行世界的決定追溯到蘇梅島那處海灘，不過在那之前，已經有很多因素讓我為那樣的決定做好心理準備。那是個慢慢構築的過程——起先是在哥斯大黎加；而後一連串事件逐一鞏固了我的念頭：回國後，在一個不能讓我充實的崗位上消耗時間；在清邁遇到那群背包客；在曼谷考山路汲取可貴的經驗。

每一個時刻都意味著人又往前邁進了一步，而若沒有前面那一步，現在這一步就不可能踏出去。

在蘇梅島的最後一晚，我走進島上唯一的英文書店，買了孤獨星球（Lonely Planet）出版的《超省錢旅遊東南亞》（*Southeast Asia on a Shoestring*）。我把它捧在手中，夢想著所有那些我可以去的地方。封在塑膠膜內的旅遊指南象徵的是我的未來。

吃晚餐時，我信手翻閱這本書，史考特很好奇為什麼我們都已經要離開東南亞了，我

22 譯註：加拿大搖滾樂團愛情少年（Loverboy）於一九八一年推出的專輯主打歌曲是《為週末而工作》（*Working for the Weekend*）。

卻去弄了一本新的東南亞旅遊書。我告訴他：我只打算回家待一小段時間，把一些雜事打點好，然後就會重新踏上旅程。我會辭掉工作，打包行李，出發旅行一年。

他不相信我的話，不過我心意已決。

我虔敬地把指南捧在手心繼續研讀，彷彿那是一部古老的聖典，一個蘊含隱密知識的聖物，而我這個剛入會的菜鳥必須設法破解其中的密碼。它是引我進入一個未知世界的嚮導。怎樣用我有限的金錢度過一整年？怎樣一句當地語言都不會說，就在那裡過日子？怎樣避免被坑？怎樣讓旅行像我想像中那樣，為我帶來滿滿的收穫？怎樣才能像我在泰國遇到的那群新朋友那樣，不費吹灰之力就來去自如？我覺得這些問題的解答似乎都在這本書裡。

最重要的是，我很篤定這場冒險——這條我剛發現的全新路徑——不會結束，而這令我雀躍不已。我不會只是個度假客，我不會只是暫時休假。旅行將成為我的身分認同——它將成為我的存在理由、我的人生意義。

我將成為一名游牧旅人。

第三章

家鄉的壓力

二十年後，會令你感到更加失望的，不是你做過的事，而是你沒做的事。所以，鬆開纜繩吧。駛離安全的港口，讓信風吹漲你的船帆。勇敢探索、作夢、發現。

——H．傑克森．布朗[23]的母親

一旦你決定徹底改變你原本熟知的生活，身邊的人們經常會用幾種不同方式回應。儘管截至此時，我所做的不過是買了一本指南，但這本指南代表著一份鋼鐵般的許諾。從購買、裝進行李箱到把它帶回美國，這整個過程使我要成為游牧旅人的決心益發堅

23 譯註：H．傑克森．布朗（Harriett Jackson Brown Jr.）是一九四〇年出生的美國作家，一九九〇年代暢銷勵志著作《人生的幸福守則》（*Life's Little Instruction Book*）享譽全球。

定。我太固執，無法改變心意。打破那份自我期許是不存在的選項。泰國改變了我，我不可能回頭。我打從心底明白這點。

話雖如此，我仍舊花了好幾星期的時間，才能鼓起勇氣告訴朋友和家人。我竟日思忖這個念頭，不確定他們會說什麼，又會有什麼反應。無論如何，我們總是渴望人生中最重要的那些人能認同我們，而倘若我們在內心最脆弱的時刻無法獲得這份認同，那會是天大的挫折。

他們會不會鼓勵我，幫助我弭平心中的負面想法？

或者，他們會加重我的負面心情？

這並不意味著我的心志在動搖；我只是需要一點點幫助，一點點安心，一點點「但願我在你這個年紀的時候也能做這樣的事——祝你一路順風」。

我決定第一個告訴我的上司。

這個身形碩大的禿頭傢伙為人和藹可親，喜歡烹飪和美酒，而他一直鼓勵我努力打拼。我心想，他應該是最能理解我、支持我的人。我認為自己有義務給他充分的時間找人接替我的工作。

我感到忐忑不安。我幾個月前才調任這個新職務，覺得現在這樣做有點置人於不顧之嫌，不過當我走進他的辦公室，關上門坐下來，我馬上找到開誠布公的膽子。我告訴他，在那趟哥斯大黎加之旅以後，我一直無法停止思考旅行的事。我跟他說我碰到一群來自加拿大和比利時的新朋友，而我透過跟他們的談話，知道自己在真正發展事業以前，必須先環遊世界。我還告訴他，無論以後我在哪個行業發展，那不會是醫療業。

他在大型皮革沙發椅上把身子往後靠，對我露出不滿的表情。

「馬修，你到這裡上班才八個月，現在要另外找人不容易，尤其是有能力的人。我認為你待在醫療業會有很好的發展性。」

他說話時，我聽得出一種交雜著憤怒、難過和失望的口氣。他已經習慣當我的專業導師，交付越來越重要的任務給我，讓我直接管理他負責的其中一個培訓計畫，訓練我成為獨當一面的大人。他不高興不只是因為他得費力找人代替我——我真的覺得他相信我在這個產業會有很好的未來。

「我不會一下就走人，」我回道。「我會待到七月，把企管碩士唸完，然後再出發旅行。這樣你就有六個月時間可以找人接這個工作。」

「我一直把你看成能擔任醫院主管或總裁的潛力人才。」

儘管這番話的目的主要是操縱我的意志，但聽起來確實很窩心。並不是所有新進人員都能這樣得到上司的信任票。我在此假定他說的是真心話，而我選擇相信這點。如果事實真的如此，那意味著什麼？百萬美元年薪、寬敞的辦公室、一群為我效力的員工、豪華晚宴，種種美好誘人的事物。但是，我該拿我未來的快樂簽注，打賭那一切真的會在賭桌上出現嗎？我想為了抵達那個位置，耗費接下來二十五到三十年的人生嗎？

我想起我的他方，想起我擺在書桌上的那本指南。

「我由衷感謝，」我告訴他。「不過我知道這對現在的我來說是正確的事。」

他一言不發地坐著，表情顯得若有所思，設法消化這個訊息。時鐘每跳一秒，我的緊張就更進一分。

他揉著頭，嘆了一口氣。

「好吧，我跟行政經理說說看，我們會開始找人接你的位子。我會想念你，不過如果你覺得這是對的，那我認為你應該去做。」

這段交談一點也不輕鬆，但當我走出那間辦公室時，我意識到那已經是我所能期望的最好情況了。他夠欣賞我，所以試圖說服我留下；他也夠了解我，所以願意接受我不會留下來的事實。

我的父母呢？他們沒那麼體諒。

吃晚飯時，我公布了消息。「啥？你打算什麼？」他們異口同聲地吼道。

「再多考慮一下。你的工作怎麼辦？學業呢？你的未來怎麼打算？」我媽說。

「來不及了，我已經把工作辭掉了。」

「什麼時候辭的？」

「上禮拜。」我說。他們呆若木雞。

「喂，這樣很不智，」我爸斬釘截鐵地說。「你去要求復職。」

「事情沒辦法這樣的，爸。」

「你為什麼不能像正常人一樣，到歐洲走走就好？安全問題呢？有沒有想過錢的事？你要怎麼跟大家連絡？你要去什麼地方？」我媽像放連珠炮似地直說，差不多把我在泰國聽那些加拿大朋友描述他們的旅行生活時，心中問過自己的問題一個個又問了一次。

「媽，我會去歐洲的，只不過我也會去其他許許多多地方。我在泰國的時候碰到很多在旅行的人，他們都過得很好。」

如果把我父母擔心的事列成清單，恐怕可以塞滿一間圖書室。

他們深信我正要出發邁向無庸置疑的死亡，舉出他們想得到的所有天災人禍。他們如數家珍地搬出地震、恐怖份子、政變之類的事件，彷彿他們在大聲朗讀一套專門用來嚇小孩的棋盤遊戲圖板內容。不過我屹立不搖。我對他們說我愛他們，我會好好的，我一定會在旅途中定期打電話給他們。

至於我的朋友們，我設想他們對這件事情的反應會出奇地好。我想像自己跟他們分享這場驚奇冒險的消息，然後接到砲彈轟炸般的祝賀和讚美。他們會告訴眾人：「這傢伙了不起，他正在經歷一輩子只有一次的壯遊。」但這一切不過是我自編自導的情節罷了，全是一廂情願。我內心希望做出瘋狂的事會讓我成為博得滿堂彩的不凡人物，可惜事與願違，我發現沒有人會在一天之內忽然變得精采。精采是一種必須透過具體經驗累積逐步建立起來的特質，而不是光靠計畫去體驗某些事物就能獲得的特質。

跟我自編自導的電影相反，我的朋友們大都只是聳聳肩。「喔，不錯啊，」這是他們的普遍反應，然後他們繼續過他們的日子。我想他們也不知道該說什麼，他們沒有參照座標可以用來思考這件事。沒有什麼朋友、影視明星、社會名人或網紅可以讓他們說「哇，就像某某人那樣」。我打算做的事太過脫離常規，遠遠超出他們的「泡泡」，以至於他們覺得最好的反應方式就是無動於衷。

但是，他們的無動於衷對我造成的傷害超過我父母振振有詞的激憤。我渴望談我改變人生的驚人計畫，結果所有人只關心自己的日常生活。沒有人想聽我說我的規劃內容、我擔心的事、我的旅行路線或我的必遊清單。他們頂多認為我一定是瘋了，才會決定辭掉好工作、浪費企管碩士學位、累積一堆新的債務。

我逐漸發現，人的精采並非一蹴可幾，不是做出某個戲劇化的單一決定就能馬上獲得。不僅如此，「精采」這種特質有其弔詭之處。就像有自信的人不會談論他們多有自信，好笑的人不會告訴你他們有多搞笑，精采並不是精采的人企圖爭取的東西。我在旅途上遇到過形形色色的精采人物（首先是我在泰國那個烹飪課程中碰見的人），而我心目中的他們並不是他們積極努力培養出來的結果。剛好相反，精采是他們自然流露的特質；那是他們人格中的一環，某種性格上的特徵。他們訴說的故事，他們的言行舉止，他們不在乎他人眼光、勇於追隨熱情的那種自信，在在都洋溢著精采。

精采的人對於自己是否精采並不感興趣。他們對周遭世界的某個部分興趣濃厚——那可能是學習空手道、煮出一杯香氣完美的好咖啡、畫水彩畫，或旅行——而那種熱情會感染他們身邊的其他人。但無論那是什麼，對他們而言，真正重要的是追隨那份熱情，而不是讓朋友刮目相看，或在聚會場合耍酷。

人類社會習慣採用一些劇本——儲存在人類文化記憶中的各種行動模式——來替我們的人生故事賦予意義。大家都能理解「我要去上大學」、「我要去度假」這類話語——那些都是在文化層面已獲認可的離家理由。中世紀採用的腳本雖然不一樣——比方說也許是「我要到聖地朝覲」——但它們發揮的功能相同，朝聖者是即可辨識的人物。不見得所有人都認識某個朝聖者，但人人都知道關於朝聖者的事，他們讀過朝聖者的故事，看過描繪朝聖者的圖像。朝聖者足以說明「旅行」這件事在當時的樣貌。談論他們，就是談論「離家代表什麼意義」的一種方式。

可是，在任何一個時間點，我們的心智只能容納某個數量的腳本、某些特定的旅行模式。當我們聽到某種不符合腳本的旅行方式時，我們彷彿變得無法想像它。我們無法掌握那樣一個概念。姑且想像我們用時光機回到中世紀的英國，走進距離最近的一個市集，然後向眾人宣布：「今年夏天，大家把農作物種好以後，我要從這個小鎮出走。我打算借一輛牛車，駕著牛車到幾百里外的海邊。到那裡以後，我會把一塊布鋪在沙灘上，坐在那上面。我會帶一桶麥酒喝，也許我會雇用一名吟遊詩人，我坐在那塊布上的時候，他可以吟唱一些訴說豐功偉業的故事給我聽。我預計用兩星期的時間做這件事。接下來，我的出走行程結束了，我就會勉為其難地返回家鄉。」

我相當確定，眾人聽到這話之後的反應會有點像我父母的回應：「**你打算什麼？**」說不定我們會因此被送上火刑台。

這就是人類心理劇本的運作方式。只有某些種類的活動——比如說某些種類的旅行——

被允許寫進劇本，其他的一切都被定義為瘋狂。

我面臨的難題是，當我在二〇〇四年把這個訊息透露給近親好友時，「我打算辭掉工作，到世界各地旅行」不是常見的腳本。當然，很多人做過這件事。千百年來，一直有人這麼做。嬉皮在某個程度上把它變成一種流行，「嬉皮之路」（Hippie Trail）從歐洲通向印度，然後進一步延伸到東南亞。不過我計畫做的事情沒有太多人在做，所以無法在美國的現代中產階級社會中形成立即可辨的模式。我的朋友們對於我的計畫沒有太多話可說，因為他們不知道該對我做的事抱持什麼想法。而某些人（例如我父母）的反應方式之所以那麼負面，似乎是因為我說的話讓人覺得我是個瘋子。

我那群同事也半斤八兩，他們都認為我有毛病。

「你為什麼要把工作辭掉？這樣太輕率了。」

「外面的世界不安全。你沒看新聞嗎？到處都是恐怖份子！」

「你打算旅行這麼久，是為了逃避什麼嗎？」

「放棄這麼好的工作真的很白癡。」

「你才剛畢業欸。那你這樣不是白拿學位了？你的錢要從哪來？」

「要是我能這麼做就好了，無事一身輕的感覺應該挺不賴。」他們會語帶諷刺地說。

各式各樣的批評從我生活圈的四面八方湧來，到我要出發的時候都沒有停歇。在某個層面上，我可以理解我的決定所引起的那一切恐懼與不安。新聞機構把世界描繪成一個嚇人的地方，罪犯和恐怖份子在所有角落蠢蠢欲動。色羶腥，最吸睛，沒錯吧？電影情節讓人覺得如果出國旅行，就會被壞人抓去當性奴隸。每當我的出國計畫出現在談話中，我父母就會表達關切之意，說我會被綁架，或者成為這個罪惡世界的下一名犧牲者，登上晚間新聞。

就像許許多多其他美國人一樣，他們深信國境之外的世界正在分崩離析。在我們對世界其他地方的觀感中，外國街頭的暴動畫面、針對美國公民的威脅、四處蔓延的暴力，都是非常重要的意象。我們一直在接收一個相當明確的訊息：「外面的世界不安全，好好留在這裡」，儘管這話不會被說得這麼清楚明白。

幾十年來，美國人一直受到這種思想轟炸，結果導致多數人以為這個迷思就是事實。他們假定其他國家的人民一致仇美。「外面那些人都討厭我們，」有些從來不曾去過「外面」的人會這樣告訴我。而在一個不重視世界知識的文化中，「外面的世界嚇死人」這種迷思只會進一步增強。我們在學校裡不讀外語，歷史課內容縮水或被壓縮成一個學年的課程（「來吧，我們用八個月的時間把世界歷史全部學習完畢」），各大學設法避免安排海外教學課程。媒體報導不會聚焦關注世界，除非是涉及不好的事件；政治人物則似乎不會積極鼓勵民眾培養開闊的世界觀。

在美國歷史上的大部分時期，分隔新舊大陸的兩大片汪洋侷限了美國人民的心智地理。我們被教導在專屬的一方山水中安居樂業、自給自足，彷彿生活在一座獨占的巨大島嶼上。一代又一代美國人受到灌輸，相信「外面」意味著墮落、罪惡、野蠻，或者至少可以說是某種非常不健全的東西。

為什麼有人會在這種情況下出國旅行？這是庶民智慧約定成俗的看法。你需要海灘假期？那就去佛羅里達。渴望熱帶風情？去夏威夷吧。嚮往沙漠？到亞利桑那就對了。想見識酷寒的苔原？整個阿拉斯加都是你的。要體驗四季分明的溫帶森林？華盛頓州再理想也不過。美國人什麼都能在自己國家做，因此不覺得需要前往任何其他地方。這一切的結果是，美國人或許有度假文化，但沒有旅行文化。

儘管我在智識層面明白這些，迎面衝撞這層思維仍舊是個令人極度沮喪的經驗。那些我最盼望得到讚許的人竟然如此反對我的計畫，這個事實不免使我揚帆待發的心情受到頓挫。當你渴望家人朋友的支持，而他們卻猛找理由告訴你為什麼不該做你一心想做的事，這讓人心痛。當他們把我們的夢想與目標視為愀屜，我們很難保持堅強。一部分的我認為這是我的錯——我錯在做出一個不好的決定，錯在沒有辦法好好說明何以我的人生已經來到某種關卡，似乎唯有斷然做出這種決定，才可能找到幸福。

於是我把傷害掩藏在內心。在出發前的那段日子裡，我的旅程就像佛地魔王一樣，是

「不能直呼其名[24]」的。

過去這些年來，由於部落格和社群媒體的飛速發展，越來越多人開始旅行世界，成為半永久性質的游牧旅人。喝全球化網際網路奶水長大的年輕族群旅行得更多，走到更遙遠的地方。網路讓人能夠遠距工作，「數位游牧人士」（digital nomad）一詞逐漸成為日常語彙，因此辭掉工作、前往世界各地旅行不再顯得那麼奇怪。現在的年輕朋友們比較傾向於說「哇，你正在像『游牧馬哥』那個部落客那樣旅行？酷喔！我也希望能這麼做」，而不是「你有毛病！」連退休人士也比較常這樣旅行了，我在世界各地見過很多「銀髮游牧旅人」。長期旅行不再像從前那樣被視為瘋狂的概念。

可是，在二〇〇五年那個古早的前社群媒體時代，沒有什麼部落格或網路群組能幫我加油喝采，我只能憑藉內心的勇氣激勵自己。

我宣布我的出走計畫時遭遇的阻力具有某種美國特質，但我不想過度強調這點。當然，世界各地有很多人幸運地生活在富含旅行因子的文化中（例如紐西蘭、加拿大、歐洲、澳洲），他們的社會鼓勵他們多看看世界。可是即便如此，他們仍舊必須克服某些遏制我們義無反顧離家遠行的基本人類本能。我們之中的許多人都必須奮力跨越那道門檻，才能邁向旅行的道路。我們需要迫使自己踏出舒適圈，害怕缺錢、害怕孤獨、害怕可能的危險、害怕拋棄一切、害怕失去安全網——這些憂慮都是凡人共有的。人很難貿然把整個人生拋在後頭，只帶著一個背包、懷抱一個夢想，一頭栽進未知。

因此，心理建設是旅行最艱難的部分。一旦離開避風港，你就會感受到乘風破浪的暢快。一個行動造就出下一個行動。海岸線越來越遠，海風漸漸強勁，將你帶往陌生土地，譜寫你的格列佛遊記[25]。一旦踏上旅途，你的種種恐懼就會褪去，讓興奮和冒險取而代之。

---

24 譯註：佛地魔王（Lord Voldemort）是英國作家羅琳（J. K. Rowling）魔幻小說《哈利波特》（*Harry Potter*）系列中的虛構人物，小說中「史上最危險的巫師」。佛地魔王本名為湯姆・魔佛羅・瑞斗（Tom Marvolo Riddle），但他不喜歡這個像普通人的名字，所以重新組合名字中的字母，把Tom Marvolo Riddle改成I am Lord Voldemort（我是佛地魔王）。根據故事所述，佛地魔王在他的名字上下咒，使所有唸出這個名字的人都會被追蹤，因此多數人不敢直呼其名。

25 譯註：《格列佛遊記》（*Gulliver's Travels*）全稱《格列佛遊記，或曰旅行世界四個遙遠國度之見聞錄。分為四部。由原為外科醫生、後曾數度擔任船長的萊繆爾・格列佛執筆》（*Gulliver's Travels, or Travels into Several Remote Nations of the World. In Four Parts. By Lemuel Gulliver, First a Surgeon, and then a Captain of Several Ships*），是愛爾蘭牧師、作家強納森・斯威夫特（Joanthan Swift）以筆名撰寫的匿名小說，初版於一七二六年問世。內容包括四個部分：〈大人國遊記〉、〈小人國遊記〉、〈諸島國遊記〉、〈慧駰國遊記〉。這部作品名為遊記，實為諷刺作品，作者假借一連串神奇的旅行經歷，以批判社會、時政（例如英國對愛爾蘭的壓迫）和人性。

你忙著享受這種樂趣，根本沒時間擔心「憂慮」是怎麼一回事。

但是，在揚帆出發之前，我們可能必須付出非常多的努力。或許舒適圈不時令人感到不快樂，但它卻能讓我們剛好夠開心，願意因此抗拒改變。我們可能討厭一成不變，我們可能發牢騷，我們可能做白日夢，可是我們不尋求改變。我們知道這是我們的魔障，只不過我們在其中覺得很安全。

社會——以及我們的DNA——告訴我們要尋求安全、避免風險。當我們能待在安全的洞窟中，度過一天又一天，為什麼要冒險離開洞口，前往洪水猛獸肆虐的地方？

部落有屬於部落的安全。例行公事、你生活的洞窟，都是如此。貿然走進暗夜，如同自尋危險與死亡。我們的原始大腦對我們高喊：留在這裡！這裡才安全！這才叫人生！所以，雖然每個地方的人都夢想著旅行世界，但唯有那些夢想夠壯大的人，才會真正邁步出去，並在旅途上堅持不懈。

不過，是怎麼個壯大法？

夢想必須壯大得足以克服那些愛你的人所感到的恐懼——比方說我的父母，他們直到今天依然會發電子郵件通知我各種旅遊警示和恐怖攻擊的消息。

夢想必須壯大得足以克服那些與你擁有相同夢想、但不如你剛毅果敢的人所傳達的負面心態。當你看到某個人活出你的夢想，而你因為種種理由無法實現它時，你可能感到憎恨，這點不難理解。

夢想必須壯大得足以克服那些囑咐你**不可以**離開避風港的社會規範。最後一點同樣重要：夢想必須壯大到足以克服你的自我懷疑。當我面對將夢想化為真實這個艱鉅任務時，我不斷自問那些父母、同事、朋友都問過的難題。

我會把企管碩士唸完嗎？我會需要多少錢？我打算去哪裡？別人會說什麼？我會交到朋友嗎？我該用什麼信用卡？青年旅館安全嗎？旅行保險又是怎麼一回事？

準備工作似乎無止無境，在那個繁瑣的過程中，我發現這句新的咒語天天糾纏我：「馬的，我究竟蹚了什麼渾水？」

我不是那麼在乎生活中的大小責任。只要取消相關服務，帳單自然就會消失。車子賣掉，就不必再處理車子的事。至於我在醫院的工作，我知道自己不打算在那裡發展事業，所以辭職走人絲毫不煩惱。

我感到擔心的是在旅行時需要具備的個人技能：勇氣，願意順其自然、隨風而行的能力、與陌生人說話的能力、自信心、成熟度。而在兩年期間做過兩次為期兩星期的旅行，造訪了兩個像我這種說英語的旅人滿街跑的國家，這樣的經歷是否讓我充分擁有上述幾項技能，這還是個大問號。

的確，有很多人在遊走世界。我在泰國遇到成百上千的環球旅人。跟我心目中那幾個來自加拿大的英雄不同，我不是披星戴月、踏破鐵鞋的識途老馬。我是個溫室中長大的小孩，從不曾真正遠離他的安全避風港。我真有那份能耐嗎？我能在那麼長的日子裡假扮成一個新的我嗎？我內心深處那個怪咖會不會跑出來？種種恐懼和自我懷疑，不斷在我的耳畔低吟。

我每天能做的只是把這種日常擔憂趕出我的心神。「我又不是麥哲倫。」我會這樣告訴自己，我並不是啟程航向全然的未知。我要走的，都是旅人絡繹不絕的路線。各式各樣的指南可以提供所有我需要的指引，就像教人一步步做出繁複衣裳的裁縫攻略。我只消依循眾人的集體智慧就得了。如果那麼多在泰國自助旅行的背包客都能辦到，憑什麼我不行？我已經在哥斯大黎加和泰國成功旅行過了。我在那些地方交了朋友，我跟很多陌生人談過話。假如才剛從高中畢業的十八歲小伙子都能旅行世界一整年，我當然也可以。

這就是現在我對有志旅行的人們說的話。我們都不是麥哲倫，我們並不是揚帆航向歷史的虛空，試圖描繪新世界的拓樸。殖民月球才是下一代的麥哲倫要做的事。我們只是搭上飛機，前往其他人已經去過的地方。真正的探險和我們所做的事情之間，具有這種相異性：我們只是試著獲得新的經驗，設法認識自己，而不是企圖在地圖上發掘新的地標。我們踩在別人的足跡上，而就算我們也在開拓屬於自己的全新道路，我們仍然必須感激所有前人。

這個事實並不會使我們的旅程變得比較不特別。世界充滿全新故事，我們將在新的故事、新的冒險中占有一席之地，這對我們來說就是特別。我不必像發現新大陸那樣發現泰國，還是可以享受泰國。旅行和經驗本身才是珍貴而重要的。

藉由這種思考，我壓制住了腦海中那個自我懷疑的聲音。我把父母和同事的否定擱在一邊。我學著接納所有負面看法，即便我不贊同那些聲音。假如我打算出走，我將必須靠自己的力量去做，因為那是我為自己做的打算。

而我迫不及待地打算做這件事。

這場旅行是我的一大機會，我不只是踏上一段冒險，更能藉此擺脫過去的人生帶來的重擔和種種不安全感。這是我走向世界、實現人生、創造故事、尋求機運的大好機會，我將能因此成為我在內心一直認定的那個我。我要紮紮實實地活出那個人物，讓自己真正成為他。

我夢想著旅途上會發生在我身上的各種瘋狂事物。我會結交來自世界各地的朋友，我會嘗試一些冒險活動，我會攀登高山、乘船在異國的河流上航行。在地居民會邀請我喝酒聊天。我會啜飲拿鐵，搭訕美麗的女服務生，轉眼間我們已坐在某個葡萄酒吧，深情凝望對方的眼眸。一切都會像我讀到的那些旅行書寫，或那些我看過以後又自己添加浪漫成分的電影。

我知道外面有一個更美好的世界。我看過它。我感受過它的力量，知道它能讓我變得更好。

他方就在外面某處，而它正在呼喚我。

我要遠行，活出高潮迭起的人生，然後帶著一些值得訴說的故事，平平安安地回來，向家鄉所有人展現旅行不是什麼瘋狂的概念。

我要向他們證明，他們完全錯了。

第四章
訂立計畫

人也好，鼠也罷，再棒的計畫都會掛。

——羅伯特・伯恩斯[26]（Robert Burns）

關於旅行，有一件事是確定的：你做的所有計畫都會泡湯。你訂立的每一筆預算、搜尋過的每一間青旅、找資料所花的每分每秒，在飛機著地那一刻，都會變得毫無意義。因為旅途上的真實——各種不幸遭遇、導致交通大亂的季風天候、維持一整個星期的鐵路人員罷工——都會讓你的計畫窒礙難行。

26　譯註：羅伯特・伯恩斯（Robert Burns），一七五九—一七九六，蘇格蘭詩人，主要以蘇格蘭文寫作，被視蘇格蘭民族詩人、浪漫主義運動先驅之一。

然而，儘管我們知道這些，計畫對長期旅行而言依然絕對重要，因為它強迫你清楚思考你的輕重緩急：你最重視什麼、你想做什麼、你要去哪裡。如果你本來計畫去四個國家，可是不得已必須砍掉其中一個，你會砍哪個？你想旅行得舒服些，還是在旅途上待久些？你有沒有準備好行前每天節衣縮食，以便存下充足旅費？針對這些問題，你想出來的答案並不那麼重要，但這種計畫過程能幫助發覺你想要的是哪種旅行，以及那會耗費你多少錢。

除此以外，制定旅行計畫本身就是一種充滿回報的經驗。不要把它想成辛苦做功課——把它想成旅行冒險的一部分，那其中同時包含了樂趣、挫折、欣喜與不安。搜尋旅行資訊時埋首在一本本厚厚的指南中，或者迷失在錯綜複雜的網路世界，沒有什麼比這更棒的事，這能賦予你對這趟旅程的所有權。在紙上先發現了將在旅途上親眼看到的地方，因此在踏上外國土地以前，你已經成了探險家。

當家人和朋友的意見開始傾向價值批判和刻薄懷疑時，做計畫也能幫助你維持正向、積極的態度。

做計畫能讓你保持專注。

你所做的每個決定，都讓你距離正式出發更近了一步。你翻閱的每一頁指南內容，都讓你的旅程越來越接近真實。做計畫能幫助你解決旅行這個拼圖遊戲，各種開銷需要多少錢？你會住哪裡？你在每個地方會住多久？你會做哪些事？你會碰到什麼人？你會參與什麼樣的冒險？你會看到哪些景點？

做計畫雖然能帶來豐富收穫，但也可能是辛苦的工作；以井然有序的方式釐清你認為重要的事，這必然是個辛苦的過程。你比較希望輕便出行，還是把適合各種季節的衣物都塞進行李？你是否會在抵達目的地以前提取外匯，即使這樣做會讓你暴露在現金遺失或被偷的風險中？你想參加套裝行程、遵循指南建議的路線，還是比較希望脫離大眾路線，儘管你可能因此碰上詐騙？你會遵守預算規劃嗎？你能不能存夠錢做長期旅行？為了存錢，你願意犧牲哪些日常生活支出？

這些都是二〇〇六年我在勾勒人生第一次長期旅行時設法回答的問題。為了所有想去的地方，我都買了旅遊指南：歐洲、東南亞、日本、澳洲、紐西蘭。我把它們一疊疊堆放在臥房地板上，從第一頁讀到最後一頁，用螢光筆標示各種活動、花費和可能的旅遊路線。

由於生性節儉，我針對所有想做的事，在指南中仔細找出最便宜的方式。不過隨著我計畫的旅行天數不斷增加，我得花的旅費也水漲船高。假如我打算長期待在旅途上，巡遊一個又一個國家，會需要很多很多錢。

我製作了一份詳細的報表，列出我的所有日常開支，以及所有我能動用的錢。在我人生的那個階段，我根本沒有計算收支的習慣。我無法告訴你我每個月花多少錢，那是我不曾做過的事。

但是，財務上的紀律是旅行成功的關鍵之一。如果不好好記錄開銷，你永遠無法順利抵達旅途終點。你的旅費是一筆固定的錢，而它必須讓你維持到旅行的最後一天。一定要遵循擬定的預算才行。

這就是為什麼雖然計畫會泡湯，訂立計畫依然那麼重要。藉由決定優先順序，透過成本開銷、旅遊活動、旅館住宿、交通方式等各方面的資料搜尋，你可以讓有限的經費維持到終點線出現那一刻。於是你永遠不至於捉襟見肘，你會知道輕重緩急，你對自己會有更清楚的認知。

你喜歡在外享受美食？很好！你是個吃貨！那就好好計畫，大快朵頤吧！

你忽然發現自己捨棄青旅，開始住起大飯店？這就成問題了！

這是旅行新手們沒弄清楚的事項之一。當你只有一筆固定的經費可以用來做這趟旅行，金錢管理就成了整個旅途最重要的面向之一。

無論是出發前或旅途上，你都必須具備專業會計師對細節的一絲不苟。

我打造出一個儲蓄計畫，把錢放在利率高的定存中，並開始根據我知道自己能存的錢來訂定預算。我把我覺得屬於「想要」而不是「需要」的部分刪除掉，比方說看電影、上餐館、每天至少一杯的星巴克，還有每個週末到酒吧喝酒的習慣等等。這些都被我歸入

「想要」的範疇，於是首先就出局了。

接下來我處理「需要」這個部分。我總是需要有地方住——不過要有個比較便宜的地方才好。我遷離原來的公寓，搬回爸爸媽媽家，這樣就能把房租省下來。（而且媽媽料理的餐食完全免費，我也不需要自己下廚，這樣一來，我就有更多時間瀏覽網路旅遊論壇，或在床上攤開地圖閱讀。）我需要通勤上班——不過要找到比較便宜的方式。於是我把車子留在住處的車道上，上哪裡都改成搭公車。

我省錢省到幾乎變成小氣鬼。為了替我的壯偉旅程省下每一分錢，我無所不用其極。我在裝洗手乳的瓶子裡加水，這樣它就可以撐比較久。日復一日，我的午餐只有花生醬和果凍，後來我把果凍也剔除了。

我人生第一場壯旅的行程很簡單。第一站是布拉格，然後我會南下米蘭，遊歷五鄉地[27]（Cinque Terre），接著轉往佛羅倫斯、羅馬、拿坡里，往東推進到柯孚島[28]（Corfu），然

27 譯註：五鄉地（Cinque Terre）又稱五漁村，是義大利西北部里古利亞（Liguria）大區一個地勢險峻的海岸地帶，其中有五座建立在峭壁上的美麗漁村，故名「五鄉地」，一九九七年列入聯合國教科文組織世界文化遺產名錄。

28 譯註：柯孚（Corfu）是希臘西北部的一個大島，也按希臘語發音稱為克基拉（Kerkyra），與阿爾巴尼亞隔海相望，從義大利東岸各大港口均可搭船橫渡亞得里亞海前往。歷史上柯孚島曾隸屬於威尼斯，是歐洲各國抵禦鄂圖曼帝國擴張的重地，拿破崙戰爭後割讓給英國，一八六四年回歸希臘。

後造訪邁泰奧拉[29]（Meteora）、雅典、愛琴海諸島，最後繼續前往東南亞。結束東南亞行程後，我計畫奔赴澳洲和紐西蘭，之後返回美國。

我懷抱宏大的夢想；但在我離家那一刻，那些夢想就被粉碎了。

一到了歐洲，我的所有計畫開始瓦解。「旅行」這傢伙對我悉心構築的行程規劃另有打算。回想起來，那時我應該預想到這點才對，但在那個當頭，任何不按劇本走的行程所能帶給我的刺激感受，都被我因為細心安排的計畫付諸東流而產生的失望之情（主要是對自己的失望）給抹煞了。其實那些準備工作完全沒有浪費，它形塑了我對輕重緩急的概念，以及我對旅行的價值觀，但這無法改變一個事實：學習放棄計畫是我在這趟人生第一場跨國大旅行中面臨的最大挑戰。

第一次大肆放棄計畫是在羅馬的時候。我已經完成人在羅馬的所有必做功課（參觀競技場、西斯汀禮拜堂，吃一大堆冰淇淋），準備動身前往下一站——照理說是拿坡里。可是每次我在青年旅館跟新朋友聊跟旅行義大利有關的事時，他們提到的城市都是威尼斯，而不是拿坡里。他們不斷告訴我，只要我有機會，一定要去看威尼斯的運河和聖馬可廣場。他們的描述令人心馳神往，不過我仍然認為我自己的計畫相當不錯：我要去披薩的誕生地大吃拿坡里披薩，然後遊覽龐貝古城遺跡，屆時美麗的卡布里島可說只是咫尺之遙。

然後幸運之神來敲門，我聽說歐洲最大的廉航——瑞安航空（Ryanair）正在進行促銷活動，從羅馬直飛威尼斯只要一歐元。我把這件事看成一個好兆頭。我內心那個會計師認為這是千載難逢的機會，可以彌補我在羅馬喝太多酒對旅行預算造成的損傷。

我都還沒搞清楚狀況，人就已經迷失在威尼斯核心地帶——城堡區（Castello）錯綜複雜的巷弄。我信步走在聖馬可廣場，呆若木雞地仰望聖馬可大教堂雕梁畫棟的立面和圓頂。我觀望遊客在一間間咖啡廳啜飲昂貴美酒的景象，走進在地民眾喝濃縮咖啡小憩片刻的小店喝飲料，流連在加里巴底路櫛比鱗次的商店和餐館間。我穿梭在一條條狹小街道，蜿蜒走過一座座跨越運河水道的古橋，發現一些寧靜祥和的院落，那些角落彷彿是遠離人聲雜沓的城市綠洲。

那天晚上在威尼斯的青年旅館，我上網查詢明天的天氣，瀏覽一下時事，然後打開電

29 譯註：邁泰奧拉（Meteora）字面意義為「懸空」，是希臘中部的一個柱狀砂岩山群，其中二十四個山頭建有修道院，是重要性僅次於阿索斯山的東正教修院建築群。修道院彷彿懸浮在空中，故名「懸空修道院」。一九八八年，邁泰奧拉獲列入聯合國教科文組織世界遺產名錄。

子郵件信箱，結果看到一個我認識的奧地利女孩寫來的新訊息。我是在美國做一趟公路旅行時遇到她的。動身前往歐洲前，我決定用兩個月的時間開車縱橫全美，希望能在見識遼闊世界以前多多認識自己的國家。在聖塔菲附近的一間青旅，我結識了漢娜，她決定加入另外兩個已經搭我便車好幾天的旅人的行列。在這封郵件中，她提議我到維也納看她，並說她可以帶我參觀景點。免費入住當地人的家？我怎麼可能拒絕？於是我二度變節，再次更改計畫，跨越阿爾卑斯山脈東部往北飛奔。

漢娜和我一起參觀了美泉宮（Schönbrunn Palace）。這座宮殿興建於一六〇〇年代，作為哈布斯堡家族[30]（Hapsburgs）的夏宮，當時它座落在鄉間，一代又一代的君王在此狩獵、釣魚，躲開城內的溽暑。但隨著維也納市區往外擴展，現在美泉宮已經成為郊區的一部分。雖然像美泉宮這種重要觀光景點總是吸引大批遊客瘋狂拍照或聆聽語音導覽（我自己確實也喜歡做這件事），但我忘情鑑賞某些細節——例如厚實的紅地毯、金碧輝煌的大迴廊牆面，或外部庭園中壯觀的海神噴泉和那裡水花噴濺的景緻——於是我彷彿與蜂擁的人潮隔絕，重見這座宮殿鼎盛時期的榮華盛景。優美的庭園曾是王公貴族大隱於世的專屬秘境，現在則免費開放讓民眾遊憩。我們把握良機，暢快登上庭園中的山丘，開了一瓶葡萄酒，居高臨下眺望維也納城。聖斯德望主座教堂（St. Stephen's Church）的中世紀尖頂擎天聳立，主宰城市地景，並給我帶來寧靜的心情，我不禁覺得北上奧地利是非常正確的選擇，就算我只在這裡待不到兩天。

我的下一站是阿姆斯特丹。這也是計畫之外的意外。我發現一班從維也納火車站開出的夜車，票價非常便宜，於是決定搭這班車。我原先縝密規劃的旅行路線至此正式作廢。現在我隨風飄移。在阿姆斯特丹，我租了一輛腳踏車，跟成千上萬當地居民一樣悠閒踩著踏板，穿行在縱橫交織的運河畔，飽覽這個「北方威尼斯」的城市特色。在國家博物館（Rijksmuseum），我近距離欣賞一幅幅我曾經以為這輩子只會在書本或維基百科上看到的著名畫作，例如林布蘭特的《夜巡》。

接下來，我走訪了西班牙的太陽海岸（Costa del Sol），因為一個在哥斯大黎加那趟旅行中認識的朋友正好在那裡，我可以住他的地方。我在白沙海灘上做日光浴，享用新鮮美味的花枝，品嘗清涼颯爽的白酒，然後發現我相當喜歡西班牙人的作息方式——徹夜把酒

30 譯註：哈布斯堡王朝（Hapsburgs）是歐洲歷史上最顯赫、統治範圍最廣的王室之一。這個家族於十一世紀初期發跡於現今瑞士北部，家族成員曾擔任神聖羅馬帝國皇帝、奧地利帝國皇帝，匈牙利、波希米亞、西班牙、葡萄牙國王乃至墨西哥皇帝，以及歐洲各地一些王國和公國的國王或大公。十六世紀中葉，哈布斯堡家族分裂為奧地利與西班牙兩支，奧地利哈布斯堡王朝占據神聖羅馬帝國帝位，西班牙哈布斯堡王朝則占有西班牙王位，統治西班牙及其所屬領土（包括西屬美洲）。由於長期近支聯姻，基因缺陷問題導致兩個分支在十八世紀上半葉先後男嗣斷絕，西班牙王位落入法國波旁家族之手，奧地利分支則與洛林家族聯姻，形成哈布斯堡—洛林王朝。

言歡，黎明時分才就寢，睜眼已是光燦的午後。

在雅典，我登臨衛城，俯瞰萬千樓宇的陶瓦屋頂向四面八方蔓延，大城景色盡收眼底。身為一名歷史愛好者，流連在遍布城內的古希臘遺跡之間、參觀典藏豐富的博物館，這無疑是美夢成真。我回到過去的某個時間點，看到高中時代的自己在微笑。我的沙發衝浪[31]旅宿主人（這是我第一次使用這個服務）展現無比的親切和熱情，帶我四處參觀，讓我深切感受到這個國家的迷人魅力，促使我至今依然定期返回希臘旅行。我搭巴士前往蘇尼翁岬，凝視夕陽在波賽頓神廟遺跡[32]的列柱後方沒入大海。

這些都是那趟環球壯旅的歐洲行腳中最難以抹滅的回憶，不過這些地方絕大多數都不在我最初設定的路線中。我的確按計畫飛到第一站，最後一站也符合原本的規劃，但這兩個端點之間的一切，都是隨興的決定、偶然的交會、幸運的轉折乃至誘人的價格譜寫而成的風景。我逐漸發現，擬定旅行計畫的目的就在於此：提供某些關鍵性的參照點，讓你隨時有所依據，同時在參照點之間留給自己一些隨心所欲的彈性。

計畫不是一個指引明確方向的清單，而是一系列供你自在運用的提案。這樣相當美好，因為旅行的意義就在於彈性。我發現，如果我決定離開家鄉的一大因素在於想脫離辦公室的職場競賽和中產階級中規中矩的生涯發展，那麼在旅途上複製那種人生態度就沒有意義。對我而言，旅行應該意味著自由，而自由的意涵就是心血來潮改變方向的能力。

抵達東南亞，展開下一個階段的旅行後，我積極活用在歐洲學到的功課。我隨風而行，機票便宜飛哪裡，哪裡有朋友讓我睡沙發，我就往哪去。不喜歡某個地方時，我就打包走人。愛上某個地方時，我會小住一段時日，直到我覺得應該往下一個目標移動。到後來，我的環球之旅展現出跟我耗費漫長時間鉅細靡遺打造的原始行程截然不同的樣貌。

旅行這傢伙會樂此不疲地破壞計畫。在一些陌生國度，當你不知道該怎麼行動，當公車脫班、火車誤點，當你生病找不到醫生，這時「旅行」就會跳出來提醒你，事情有可能

31 譯註：沙發衝浪（Couchsurfing）是一個全球性旅宿交換服務網路，二〇〇三年於美國創辦，隔年正式運作，旨在幫助旅行者與當地居民建立聯繫。

32 譯註：蘇尼翁岬位於阿提卡半島南端，是希臘大陸最南點，距離雅典約七十公里。這裡的波賽頓神廟建於公元前五世紀，是雅典黃金時期最重要的建築之一，如今留下相當完整的多立克式立柱，聳立在六十米高的峭壁上方，景色壯麗，使這個地方成為希臘最著名的夕陽景點之一。波賽頓是希臘神話中的海神，奧林匹斯十二主神之一，主掌海洋、暴風雨、地震、馬匹。

出錯——永遠會出錯。你會發現，在旅途的現實之下，你創造的細緻計畫——時刻表、移動路線、必做清單——會消融為烏有。

繁瑣的細節沒有意義。在你為自己打造的旅行中，真正重要的是旅行的整體輪廓。每逢計畫生變，我就又學到快忘記的那些微小細節，把目光聚焦在大局上。在天地萬物的秩序中，捨棄拿坡里、改赴威尼斯，這是微不足道的變化。體驗隨心所向的自由，仰賴陌生人的智慧，讓萍水相逢化為真摯友誼——這些才是大的方向。

就像優秀的藝術家能用幾個線條描摹出驚人的臉孔意象，我學會用越來越少的細節勾勒旅行計畫。「一直往東方前進」，「在法國待到巴士底日[33]（Bastille Day）」。再多擬些細節，旅行這傢伙就會瞪著你的計畫說：「這對我們來說是行不通的！」然後把計畫扔到窗外。學習順其自然地隨風而行是旅行規劃中最重要的環節，旅行的真諦在於讓事情自然開展、發生。與其撒開大網、淺水撈魚，不如減少熱門景點數量、深入探訪某個城市或地區。隨風而行非但不是漫無目標，反而讓人可以進一步認識一個地方和生活在那裡的人。隨風而行讓你能避免因為不斷從一個地方移動到下一個地方、從一個景點移動到下一個景點而產生的壓力和花費。世人在旅途上無不憧憬浪漫喜劇片中那種神奇的巧合與緣分——當地人跟你情投意合，你無意中發現最迷人的咖啡館、走進最幽僻的秘境餐廳；唯有任憑時光流轉、不以自我意志強求，這種妙趣才會發生。

這麼說並不代表我停止做計畫，絕非如此。瀏覽旅行部落格、上網搜尋機票、閱讀旅遊指南，這些仍然是快樂無窮的事。我會不計時間成本，研究我想去哪些地方。這個部分仍舊能讓旅行顯得**真實**，讓人有所期待。即便我現在成了旅行達人，我對「過度計畫」的喜愛並沒有消蝕。不過我更懂得享受把計畫抛出窗外的快感，更能讓自己陶醉在當下。

與計畫和自發性形成詭異的三角關係並不是旅行者的專屬特質，電影演員也深深明白這件事。為了扮演某個角色，世界上最優秀的演員們願意花好幾個月的時間做準備——減重、培養特定腔調、學習拳擊、研究歷史；然後拍片的日子來到，攝影機在前後左右操作，導演大喊「ACTION！」，這時他們卻忽然忘掉先前準備的一切，把全部的自己獻給當下的場景。這整件事在抽象意義上想起來相當嚇人，但在實踐面上，演員事前所做的不外乎用心烘焙角色的精神和基因，將這些元素炙烤進自己的骨肉，等到上陣的時刻來臨，他們**已經成為**那個角色。

這正是我們在立定計畫時所做的事。我們認為旅行和探索本身就是具有內在價值的追

33 譯註：巴士底日（Bastille Day）即法國國慶日。一七八九年七月十四日，法國群眾攻佔象徵專制統治的巴黎巴士底監獄，揭開法國大革命的序幕。為紀念這個事件，法國政府定每年七月十四日為國慶日。「巴士底日」是外國人對此一節日的習稱。

尋，我們努力吸收其中最重要的精髓，於是當我們抵達未知大地，當巴士誤點、青旅客滿、邊界關閉，我們會知道該做什麼。踏上旅途的意義在於學習放下大大小小的計畫，讓自己能夠好好把握那些會幻化成終身回憶的奇妙時刻和美好緣份。

我踏上這樣的人生，為的就是不要被各式各樣的計畫和時程束縛住。儘管我背負的責任逐漸變多，我仍舊堅持這個信念。如果我們希望巧妙的機緣出現，我們不能期待它一定到來，也無法促使它發生，但我們必須永遠準備好迎接它。

幾乎每一天，人生都會給我一點小小的暗示，讓我知道接下來我需要去哪裡——「嘿，試試看往那個方向走吧！」我越來越傾向於學著敞開雙耳，聆聽那些隱隱約約的暗示，不再抗議「那我的計畫怎麼辦！」因為，只有當你把自己交付給你希望看到的世界，你才能用全副心神擁抱那些你夢想了那麼久的體驗。計畫不該是條安樂毯[34]，而該是用來實現目的的手段。對我而言，那個目的一直以來都是：冒險。

34 譯註：安樂毯（security blanket）是讓人抱著或摸著睡覺的毛毯，作用是為使用者（經常是小孩）提供安全感和慰藉。廣義上可指任何具有類似功能的物品。

第五章
開啟旅程

在某個陌生的城鎮獨自醒來，是世上最怡人的感受之一。

——芙瑞雅・史塔克[35]（Freya Stark）

小時候，我想當考古學家。我奶奶會送我一些奇書，探討各種無法解釋的現象，比方說關於古代外星人、亞特蘭提斯[36]、通靈等。在我定期觀賞的《印第安那瓊斯》系列電影加

35 譯註：芙瑞雅・史塔克（Freya Stark），一八九三—一九九三，英國旅行家、旅行作家。史塔克是二十世紀最偉大的女性旅行家之一，生前出版三十餘部主要以中東為背景的遊記，其中《阿拉伯南方之門》（*The Southern Gates of Arabia*）中譯本於二〇〇四年由馬可孛羅文化出版。

36 譯註：亞特蘭提斯（Atlantis）意為「亞特拉斯島」，也稱大西洋島、大西國、大西洲，是西方傳說中一個擁有高度文明的大陸、國家或城邦。關於亞特蘭提斯的描述最早出現於古希臘哲學家柏拉圖的著作《對話錄》，書中亞特蘭提斯由海神波賽頓創建和統治，代表圍攻古雅典（柏拉圖心目中的理想城邦）的海洋勢力，但在大約一萬兩千年前失去諸神眷顧，遭大洪水毀滅，最終沉入大西洋。亞特蘭提斯的故事影響後世西方文學甚大，經常成為烏托邦的象徵，在許多當代文學及影視作品中持續隱喻為消失的先進史前文明。

持下，這些書籍幫助我營造出一個投身環球蠻荒冒險的自我形象。我在舒適的中產階級生活環境中夢想發現全新事物，體驗我在書本或電視上看到的精采人生。

時間來到二〇〇六年，我第一次獨自冒險闖蕩異國土地，沒有導遊或朋友幫忙承擔探索未知國度，結果我嚇得魂不守舍。行前再多的規劃和研究，都無法平緩世界上最古老的旅伴——恐懼。

我剛抵達布拉格，恐懼幾乎立刻開始在我耳際喃喃訴說各式各樣的憂慮。走進布拉格機場國際航廈繁忙的入境大廳以後，我左顧右盼，看著一個個用我不懂的語言書寫的標示。這次沒有人迎接我，沒有知道我要去哪裡的司機等著把我送到目的地。就只有我一個人，而我必須弄清楚到底該怎麼去我的青年旅館。

這是個相當簡單的任務，可是因為它超出計畫的範圍，恐懼感忽然就冒了出來，把我家人朋友表示過的懷疑重新撒播在我那充滿懼怕的想像沃土中。我要怎麼獨自辦到這件事？

「往市區的公車站在哪裡？」我在把美元換成捷克克朗時詢問匯兌櫃台人員。

「就在機場外面右手邊。跟著公車標示走就對了，你會看到一個圖案，」櫃台人員告訴我。他的口氣好像在說我問了世界史上最笨的問題。

走出入境大廳，我往右邊走，好不容易找到公車站。我心想，肯定就是這裡了。要不然為什麼大家大包小包站在這裡等？我把旅遊指南抓出來，重新閱讀從機場到布拉格市區的交通資訊，然後公車終於來了。我跟著大家排隊，上車後告訴司機我要去的地方。他用捷克語回了一句。他是在問問題嗎？他懂我的意思嗎？我不確定該做什麼，只好把手上面額最大的鈔票遞給他。他看了我一下，把錢找給我，揮手要我往後面走。

「火車站，對吧？」我放慢速度說。所有美國人碰到不會說英語的人的時候都會這樣做，彷彿只要慢慢把同樣幾個英文字清清楚楚地再說一遍，對方那隻本來不懂的耳朵就會奇蹟似地恍然大悟。

他只是看了我一下，又揮手要我往後面走。

我坐進他附近的一個座位，設法留在他的視線中，希望這樣能提醒他我是個搞不清楚狀況的觀光客，然後他就會在開到我要下車那一站時主動讓我知道。

排在最後頭的幾名乘客陸續上了車，公車轟隆一聲重新發動，開上公路，穿越一片鄉野。我設法不聽乘客交談和公車引擎的聲響，把目光投向窗外，欣賞鄉間景緻在眼前開展。外面是平緩起伏的蒼翠山丘，農莊房舍散落其間，遠方則有一些中世紀小鎮，以及矗立在地平線上的教堂尖塔。這是一片浸淫在歷史中的古老鄉村大地。湛藍的天空點綴著幾朵白雲，將周遭的一切襯托得宛如一幅油畫。這就是我在心中想像過無數次的歐洲。

我張大雙眼，目不轉睛地凝視這個充滿異國風情的陌生國度。就是這裡。**我真的來**

了。我嘴角揚起，拍下多得嚇人的照片。

鄉村逐漸退位給郊區，郊區逐漸變換成繁忙的市區。公車停了下來，司機轉身看我，並用手指著街道對面的一座大型建築物。

「火車站！地鐵！」他用口音濃重的英語說。

我按照從青旅網站列印下來的位置資訊，從布拉格最大的火車站開始找路。我搭乘地鐵前往我該去的站，走出地面，第一次欣賞布拉格的景緻。

公車從機場開到市區時，我一路都在擔心能不能在正確的站下車，結果沒有心思真正注意這個城市。我把布拉格想像成一個由美麗的砌石街道、中世紀建築、古老屋宇交織而成的城市，到處都會有小巧玲瓏的廣場和人聲鼎沸的咖啡館，服務生在桌椅間穿梭，為穿著時髦的歐洲賓客送上葡萄酒。

可是當我站在地鐵站外面觀看市街景象時，我的美夢像泡泡般爆破了。展開在我眼前的，是一幅能讓共產社會建築師春心蕩漾的畫面。一座座龐大、灰暗、醜陋的方形公寓大樓，外牆沒有任何裝飾，只有後來被人畫得滿滿的塗鴉。我前方有一座又高又醜的無線電塔，道路是用混凝土而不是砌石鋪成，而且到處都是垃圾。

在尋找青旅的過程中，街道越來越窄，塗鴉越來越多，破敗的建築物令我不禁懷疑到底什麼樣的人會住在裡面。恐懼又悄悄爬上我的心坎。我會不會被歹徒搶劫？門廊中會不會出現吸毒成癮的人？這個地帶晚上安全嗎？

穿過數不清的巷道、轉過一個個街角以後，我終於在一棟殘破的小樓房中找到我的青旅。旅店門口只掛了一塊無以名狀的招牌，走進去以後，可以看到門廳裡擺了幾台電腦，還有一個聒噪的澳洲人坐在一張桌子後面。

我辦了入住手續，爬上一段段吱嘎作響的樓梯。原先我就想像歐洲的青年旅館會是老舊、骯髒、狹窄的地方，浴室不但小得離譜，而且長滿黴菌，彷彿最後一次有人清洗它是一群嬉皮背包客創設這間旅宿那個年代的事。眼前所見的現實與此相距不遠。

我的房間瀰漫著穢氣，聞起來像某個人在炎炎夏日光腳穿了好久的運動鞋。我打開一扇窗戶，讓一些空氣透進來。房間呈方形，有六個床位。一邊放了兩張雙層床，另一邊擺了一張，其中一個鋪位就是我的。

房內沒有置物櫃，我只能把背包擱在地板上。我坐在凹凸不平的床鋪上，微微笑了起來，設法把房間簡陋不堪的事實大而化之。

我真的**在這裡**了。

我辦到了。

我是個內向的人，跟陌生人說話會讓我緊張。我會想到他們用各式各樣的方式評斷我，而且我不斷告訴自己，就算我跟他們搭起話來，我也會結結巴巴、猛吃螺絲，而且說不出什麼有意思的東西。當然，我在先前的旅行中交過一些朋友，不過就算在那種時候，我也只是在假裝而已。在內心深處，我還是原來那個害羞的男生，永遠不知道怎麼一個人走進酒吧，然後跟著一群新朋友走出來。偶爾我會找到辦法克服害羞的個性，可是就在我料想不到的時候，它又會大喇喇地征服我。

我住進那間青旅的第一個晚上就是那樣的時候。我獨自在青旅內的餐飲部吃了幾片披薩（我對捷克料理沒有概念，而且我入住青旅時，天已經快黑了），然後轉往一樓的酒吧，希望認識新朋友。

我一個人坐在那裡，感覺度日如年，眼巴巴地看著其他人談笑風生，盡情享樂。我笨拙得說不出半句話，只好把時差搬出來當理由，藉此自我合理化我無法跟任何人交談的事實。我早早就上床就寢，希望第二天情況會變好些。

隔天早上，我在布拉格市區溜達，發現前一天的第一印象非常偏頗。布拉格的確是個美麗的城市，舊城區保存得棒極了。就像在其他國際大城一樣，問題出在許多青年旅館的位置；我只是剛好住進了一個令人不快的破敗街區。

我逛進萊特納公園（Letenské sady），這是一座占地遼闊的公園，裡面有一家露天庭園啤酒屋。我從一處觀景台瞭望市區，情侶忙著擺姿拍照，一名美術系學生正在描繪布拉格的天際線。我到皇家花園（Královská zahrada）漫步，那裡沒有城市的喧囂，聖維特大教堂（St. Vitus Cathedral）的形影突出在林木上方，周遭只聽到遊客低聲讚嘆花園美景的聲音。

我走過查理大橋，這座橋梁兩側豎立著成排的巴洛克風格聖人和英雄雕像，顯得美輪美奐，因而名聞遐邇。許久後我才發現，那些雕像都是複製品，擁有數百年歷史的原作早已被安放在博物館中保存。不過在那個當下，我是真的瞠目結舌，難以相信千百年的歷史竟然就那樣展現在眼前。這是卡夫卡[37]（Franz Kafka）和昆德拉[38]（Milan Kundera）的城

37 譯註：法蘭茲．卡夫卡（Franz Kafka），一八八三—一九二四，猶太裔奧匈帝國波希米亞小說家和短篇故事家，以德語寫作，被視為二十世紀最具影響力的作家之一。卡夫卡的作品結合寫實與奇幻，洋溢荒謬色彩，經常刻劃孤立的主角面對詭譎的困境或不可理喻的社會或官僚勢力。

38 譯註：米蘭．昆德拉（Milan Kundera）是一九二九年出生的捷克作家，一九七五年流亡法國，後來成為法國公民。昆德拉主要以法文寫作，並強調他的作品應該被視為法語文學的一部分。最為人知的著作包括《生命中不能承受之輕》、《笑忘書》等。由於早期作品《玩笑》（一九六七年）諷刺共產極權，他的作品在捷克被歸入禁書，直到一九八九年的天鵝絨革命。昆德拉擅長以黑色幽默手法探討極權社會的矛盾，在這部分似乎深受卡夫卡的影響。

市。一切都讓我興奮不已，結果我一時失去理智，向橋上眾多藝術家之一買了幾幅畫，後來才意識到我只能把那些畫留在歐洲：帶著它們旅行一整年非常不切實際，但我不認識誰可以幫我保管一年，而我的微薄旅費也無法負擔把畫寄回美國的高昂郵資。

當你開始一個人旅行時，起初會感受到一股獨行天下的興奮。沒有其他人干擾你，你在自己的故事中扮演主角。你幻想你會認識形形色色的人、碰到五花八門的情況，陌生人會把你庇護在他們的羽翼下，帶著好奇和興奮探問你旅行的事。沒有人會妨礙你，你不必對任何人妥協，或跟任何人協商。想要有朋友的時候，就會有朋友；需要獨處的時候，你也能擁有孤獨——享受脫離眾人的機會，慢慢思考什麼才重要。

就像擬定妥善的計畫，獨自旅行是個浪漫而令人安心的概念，可以幫助你出發上路，可是一旦跟真實人生發生碰撞，它很容易崩解。很少有其他因素能像獨自旅行那樣，以不求排場的方式把人徹底推到原有的舒適圈外。當你跟一個團體或一群朋友旅行時，你可以仰賴其他人處理所有麻煩事。總有別人會做計畫、負責溝通協調、找到火車站、安排交通、記錄開支，或在你生病的時候照顧你。當你獨自旅行時，你卻什麼都得自己來。你就只有你一個人。如果你想交朋友，你自己必須想辦法跟別人聊天。你自己必須想辦法去到機場或你訂的旅店，找到正確的公車或好的醫生。你自己必須弄清楚誰值得信任，誰又會敲你竹槓。你必須負起所有責任——這迫使你用一種跟別人一起旅行時不可能做到的方式，去學習認識你所接觸的人和環境。獨自旅行時，你會學習認識自己、摸清自己的能耐。你會學習如何把自己的心思當成唯一的旅伴，並對此感到自在。在這個意義上，一個人的旅行就像個美妙的老師，因為它會教你自立自強。

就算在你結束旅行歸來以後，自立自強的特質仍然非常寶貴。自立自強的人比任何人都清楚他們能為世界做出什麼貢獻，他們想要過什麼樣的人生，他們在那樣的人生中需要什麼樣的人。自立自強的人知道他們的信心不會取決於別人的評斷，他們知道他們在任何地方都能生存——隨便把他們丟在哪裡，他們都能很快進入狀況。他們知道自己可以嚇阻內心的恐懼和焦慮。當我思考自己在旅途上學到的自立自強時，我會想起愛默生[39]（Ralph Waldo Emerson）就這個主題寫下的一段文字：「信賴自己吧，每一顆心都隨著那根鐵弦顫動……除了你自己，沒有什麼能帶給你平靜。」能體會這些字句的真諦，這是一回事；能設法實踐這些箴言（例如我就做了這樣的努力），又是一回事。

不過，從另一方面來看，一個人旅行雖然能帶來豐碩的回報，但也有其代價和缺點。

39 譯註：勞夫・華多・愛默生（Ralph Waldo Emerson），一八〇三—一八八二，美國思想家、文學家。愛默生是十九世紀中期美國超驗主義運動的領銜人物，並極力主張廢奴和個人主義。他成為美國文化精神的重要代表，受林肯總統譽為「美國的孔子」。

隨著你獨自漫遊、用餐、上酒吧，你逐漸意識到只能把自己當旅伴的旅行本身就是一種考驗。獨自一人的興奮感終究會消蝕。你的口舌因為缺乏使用而變得乾澀，你忘記怎麼跟別人暢快交談。你轉身想跟人分享你的經驗，卻發現身邊一個人也沒有。你從獨自一人，變成孤單寂寞。

在布拉格的第二個晚上，盼望與他人接觸的我又回到青旅附設的酒吧，希望能鼓起勇氣找個人說話。

酒吧內燈光昏暗，地板溼黏，桌子磨損得相當嚴重。牆壁上貼了一些旅人的名字和留言，只是那些過客早已遠去，他們都曾來到這裡尋找冒險。我很想知道他們的夢想是否實現了。

跟前一天晚上一樣，酒吧裡有很多旅人在一起聊天，他們像老朋友般互相說話，我則安靜地坐在那裡，試著等待合適的時間、找出合適的一群人，讓我能走過去說：「嘿！我可以加入你們嗎？」

幸運的是，某個人幫我做了這件事。

「嘿！你要不要加入我們？」我旁邊那桌一個長得不高的女生問我。

「好啊，」我回答的時候設法掩飾我對這個提議的興致。

我坐到他們那桌。他們是四個人，我坐下來的時候，他們問了我一些典型的背包客問題：你從哪裡來？什麼時候到的？你要旅行多久？你的下一個目的地是哪裡？

波士頓。今天。一年左右。米蘭。

從外表看起來，我們這五個人真的是截然不同。邀我加入他們的女生是個身材矮小、棕眼褐髮的美國女孩，她本來跟一名同伴一起旅行，可是每次她喝茫以後，都會在兩人同住的帳篷裡撒尿，結果同伴被她嚇跑了。她留在希臘打了一陣子黑工，當餐廳服務生，最近才剛來到布拉格。她旁邊是個身材高大、臉孔削瘦的金髮男子，來自澳洲墨爾本。我旁邊是一個來自奧勒岡州的廚師，他蓄著絡腮鬍，一頭茂密濃髮，穿了一身法蘭絨面料的衣服，假如他告訴我他叫里里・畢恩[40]，我搞不好真的會相信。第四個人是個不太說話的加拿大男生，他正在設法運用有限的旅費，進行盡可能長時間的旅行，直到把錢花光為止。（旅行久了以後，我觀察到一個現象：每次在青旅碰到一群人聚在一塊，其中至少會有一個加拿大人。）

40 譯註：即里昂・里昂伍德・畢恩（Leon Leonwood Bean），一八七二—一九六七，美國發明家、商人、作家、戶外活動愛好者。畢恩在一九一二年成立同名戶外用品公司L. L. Bean，名噪一時，目前在美日兩國擁有約五十家店。他在一九四二年出版戶外生活書籍《狩獵、釣魚與露營》（*Hunting, Fishing and Camping*）。文中這位奧勒岡州廚師的樣貌和穿搭風格可能與當年的畢恩類似，使作者想到這樣的比喻。

不過，多聊一些以後，我們發現我們擁有相似的人生背景。我們都很年輕，工作歷練不多，正在歐洲度過夏日假期，努力跑景點、吸收當地文化、飲酒作樂，結束旅行後再返回自己的國家，找個好工作做。我跟這群人之間唯一真正的不同是，在青旅生活方面，他們的經驗都比我豐富。我在各次旅行中已經見識過好幾家青年旅館，但截至目前為止，我還是比較喜歡平價旅館和朋友家的免費沙發（後面這個更棒）。可是，現在這一切——熱鬧的酒吧、吱嘎作響的樓梯、共用衛浴、充滿霉味的上下鋪宿舍——是最原汁原味的青旅體驗。住在這種不講求舒適的地方是背包客經驗中的核心元素。

好幾個世紀以前，歐洲的貴族開始在年輕時進行「壯遊」[41]（Grand Tour），走訪歐陸名勝古蹟，然後回到家鄉安居立業，扛起成年人的責任。現在，一部分拜國際青年旅館網路之賜，旅行變得日益平價而親民；我環顧周遭，發現其實所有人都在做屬於自己的現代簡化版壯遊。

輕鬆的談話和便宜的啤酒使接下來的夜晚宛如天旋地轉，化成一片朦朧。很久很久以後，我在暗夜中蹣跚爬上樓梯，走回共用臥房，雖然頭昏腦脹，但心情得意洋洋。我成功了，我交到朋友了。一切都將如意順心，現在我很確定這點。

一杯只要半美元的啤酒，一大群二十幾歲的年輕人，物以稀為貴的隱私——這樣的青旅生活意味的是「一夜好眠」絕不在品質保障的範圍內。走進房間時，我聽到呻吟聲從旁邊一個床位傳出來。難道是……？沒錯，正是。我感覺得到下層床鋪有活動進行中，於是刻意清喉嚨、拖腳步，明確宣告我的存在。可是他們沒有因此而停止。我莫可奈何地把枕頭蓋在頭上，希望快快昏睡過去。幸運的是，一杯杯喝下肚的半美元啤酒有效發揮作用，幾分鐘不到，我就陷入爛醉如泥的沉睡，對另外那個床鋪上發生的事毫無知覺。

約莫黎明時分，光線開始透過薄薄的窗簾照射進來，這時睡我對面那個床鋪的紐西蘭女生跟兩個男生衝進房裡。他們顯然在外面瘋玩了一整晚。他們絲毫不顧慮別人，堂而皇之地把窗簾拉開，讓早晨的陽光噴濺進來，把所有人弄醒。

41 譯註：壯遊（Grand Tour）是指歐洲文藝復興以後，十七和十八世紀期間上流社會年輕人在成年（二十一歲）時進行的歐陸巡禮之旅，為期數月到數年，通常有伴護（如較年長的親屬）隨行。壯遊可說是一種教育性質的成年儀式，其目的一方面是認識古代和文藝復興的文化遺產，一方面是接觸歐洲大陸的貴族和上流社會。這個習俗最早在英國貴族階層開始流行，後來逐漸盛行於歐陸乃至美洲各國的貴族與富裕階層。十八世紀的英國最熱衷壯遊，並留下豐富的文字作品。進入十九世紀以後，由於新古典主義文化的吸引力降低，而火車與蒸氣輪船的發展使大眾旅遊開始普及，上流社會的壯遊傳統遂逐漸式微。

「安靜！」下鋪那個男生吼道，他的口音顯示他是美國人。我在青旅中看過他，不過只簡單打了個招呼。他的床鋪上還有另一個人。

剛進房那兩個男生以光速轉身，猛然問他同床的女生是不是男的。

床上那個男生迅速爬出來，用高大的身體壓迫另外兩個人，開始加強爭吵力道。「你們操他媽的粗魯！」他邊吼邊推其中一個男生，那個女生則哭著跑出房間。

「喂，老兄！我沒什麼特別意思，只是說她看起來不怎麼騷。」其中一個醉男說。

「死鬼，你給我道歉，不然我揍扁你。」

另外那個醉男在一旁竊笑。

「沒事啦，大哥。」找麻煩的傢伙支支吾吾地說。

「操你媽還敢說沒事，」美國老兄說著又朝他逼近了一步。「給我道歉！」

眼看就要打架了，紐西蘭女生決定介入。

「他說的話是很粗魯，不過大家還是冷靜點。我們都喝得超茫，睡覺第一。」她邊說邊把她的朋友從滿臉通紅的美國男生身邊拉開，然後把他推進她的床鋪。

美國佬抓起浴巾走出房間。「一群他馬欠扁的混蛋！」

另外那個醉男一副不知道該怎麼辦的樣子，只能悻悻然爬上他的空床鋪，一下就昏睡過去。

說。

「放輕鬆點。我過幾個小時就要搭飛機了，趕緊睡覺吧，」紐西蘭女生對她的新床友說。

我設法繼續睡覺，可是聽到旁邊床鋪傳來聲音。兩個人在暗夜掩護下辦事，而我在鄰鋪醉倒昏睡，這是一回事；可是現在，我正掙扎著想要補眠，紐西蘭女生和她的新伴侶卻在光天化日之下開始胡搞，我很快就明白情況無藥可救了。

呻吟聲越來越高亢，我知道再也不可能睡回頭覺，只好拿著毛巾，走進浴室沖澡。

他馬欠扁的混蛋，這話真沒說錯。

以青旅的標準而言，那天晚上並不算特別瘋狂。我可以確定，這麼多年來，旅店主人和員工被迫處理醉酒鬧事的情況至少不下幾十次，而且肯定洗過無數條髒得噁心的床單。我也相信，全布拉格、全歐洲的青旅主人都有類似的故事可以稟報。這並不是因為他們經營的旅店吸引到特別粗鄙的客群，而是因為無牽無掛的旅行方式使青年旅館變成不羈自由恣意投射的地方。

像我在布拉格住的這種青旅，充滿了第一次擺脫所有責任義務、盡情體驗自由的年輕人。在那種興奮之情中，他們當然不免放浪形骸。當一群年輕小伙子需要發洩過量精力時，青年旅館就是安置他們的絕佳場所。不過更確切地說，青年旅館之所以有時候變得無法無天，原因在於游牧式生活飄忽不定的過客性質。假如你第二天、第三天還得跟同一群人一起生活，你就不會把窗簾扯開，驚醒所有在房間裡睡覺的人。假如你跟室友不只一個晚上共用房間，你就不會在對方想要睡覺的時候跟別人發生性行為。

知道自己在生活中必須日復一日地跟其他人互動，這樣的預設前景讓我們保持文明；今天就算我們想要，我們也不會打破規則，因為我們知道這樣一來，明天就得承受後果。但在旅途上，沒有什麼可以保證你明天（甚至這一輩子）會再見到那個人，所以唯一會讓你保持文明風度的，是你剛好已經內化了的一點自我約束。我熱愛旅行的自由，但我也清楚知道，雖然旅行能激發我們內心最好的部分——冒險精神、好奇心、創造力——但有時它也會帶出最壞的部分。

儘管如此，我還是愛上了青旅生活。那種過客性質幫助我覺得每次住進一個新的地方，就好像變成了一個新的我。在我踏進交誼廳或酒吧前，沒有人知道我是誰。我可以一直假裝，直到我達成目的。我可以當任何我想當的人——其他人也都可以這麼做。我可以星期一當個趴踢哥，星期二變成內向男，星期三化身大麻佬，星期四扮演大嘴巴，星期五成為逗樂兒。我可以在任何一天把自己調教成上述的每一種自己。

這其中的訣竅在於學習如何就事論事地珍惜青旅的價值——青年旅館無非就是便宜的旅宿，那裡有源源不絕可以當旅伴的新朋友，還有源源不絕的新鮮機會——並且設法避免捲入夜復一夜喝酒、交朋友、然後昏睡過去這套相同模式。那只是另外一種例行公事，而我踏上旅途的初衷，就是脫離一成不變的生活方式。

如果我把事情搞砸了——比方說講笑話沒人笑，或在其他人打成一片時自己孤單坐一張桌子——沒關係，明天永遠是新的一天，會有一群新的人出現。每天都是全新的開始，都為我賦予第二次機會，讓我成為我一直想當的那種理想的自己：洋溢自信與安全感，擁有快樂的內在。

當然，旅行無法讓你擺脫自己的過去。你的心魔永遠能在你的背包深處找到容身的空間。但旅行會給你無數重新出發的機會，讓你能夠面對它們；旅行會給你各式各樣的方法，讓你實驗你想要成為的那個新的自己。

除了幾年後跟那次認識的澳洲衝浪家朋友短暫重逢以外，我再也沒有見到布拉格那群旅人。

然而，在一小段時間中，我們卻是全世界最棒的朋友。他們給了我希望，讓我覺得我會順利而愉快。剛住進青旅時，我不知所措，擔心無法交到朋友。我害怕跟別人開口說話。可是兩天後，我卻依依不捨地擁抱一些本來完全陌生的人，覺得自己好像在狠心拋棄天底下最麻吉的一群朋友。

抵達布拉格時的種種恐懼——擔心迷路、交不到朋友、孤單寂寞——在我登上飛往義大利的班機時，都已煙消雲散。事實證明，家人、朋友和我自己的不安全感在我心中撒播的懷疑種子根本無法發芽，或者至少是處在休眠狀態。

我覺得自己在布拉格彷彿成長了一百萬歲。我帶著憂喜參半的心情來到這個城市，一方面懷抱宏大的憧憬，另一方面深怕我父母和同事真的有理，結果我和他們都錯了。

青年旅館裡的每個人終究只是在設法看看這個世界，並在旅途上找個朋友。跟你我一樣，他們內心有相同的恐懼，他們找尋的是相同的快樂。他們也在尋覓某個人，想對他說：「嘿，要不要加入我們？」

青旅生活強迫我們正面檢視我們之中許多人在長年承受的教化過程中，內化了的所謂「生活需求」：更華美的服飾、更精緻的物品、更名貴的鞋履、更大尺寸的電視。青年旅館讓我們知道，其實我們只需要多麼少的東西，就能真正覺得快樂。

你在某個鳥不生蛋的角落過著青旅生活，坐上一張搖搖欲墜的沙發，喝著廉價酒飲，有一搭沒一搭地跟旁人交談——當你做著這一切，你卻是快樂的！於是你忽然明白，有多少矯作與無謂一直累積在你的腦袋裡。

你開始明白，一切都將愉快而美好。世界不是別人告訴你的那個危險地方，危險並沒有潛伏在每個角落。你明白外面的世界中有很多很好的人。他們的想望，其實跟你一樣。而他們之中某些人會對你的人生帶來深刻的影響——無論你是否已經準備好。

第六章
尋找心靈相契的夥伴

我發現，如果想要知道你是喜歡一個人還是討厭他，沒有什麼辦法比跟他一起旅行更牢靠。

——馬克・吐溫[42]（Mark Twain）

我喜歡把人分成兩個陣營：在青年旅館生活過的人，和沒住過青旅的人。對我而言，這跟知道你在哪裡成長、你最喜歡哪一部電影一樣具有揭示意義，因為它可以透露很多你

42　譯註：馬克・吐溫（Mark Twain），一八三五—一九一〇，本名薩謬爾・朗赫恩・克雷門斯（Samuel Langhorne Clemens），美國作家、幽默大師和演說家。吐溫被譽為「美國製造的最偉大幽默家」，威廉・福克納（William Faulkner）則稱他為「美國文學之父」，認為他是「第一個道道地地的美國作家」。最著名作品包括《湯姆歷險記》（*The Adventures of Tom Sawyer*）、《頑童流浪記》（*The Adventures of Huckleberry Finn*）等。

的性格特質。

你來到某個地方，住進一間青旅或民宿，跟另一名旅人打開話匣子，你們一下就成了麻吉朋友。接下來幾天，你們一起出遊，吃吃喝喝，觀光遊覽。

從那個時間和地點開始，你們兩個（或三個、四個）做什麼都在一塊，彷彿你們打從出生就是朋友。你們形影不離。

這裡面不講過去，也不講未來。你在家鄉是什麼人，你年紀多大，你做什麼工作，你的前任是誰，甚至你從哪裡來，這些都不重要。你們接受那個時間地點的對方，因為那是你們所有的一切。

然後，就跟開始的時候一樣突然，你們的關係一下就結束了。你走陽關道，我過獨木橋。

隨著你們共享過的那些時刻越來越遙遠，保持連絡、再次聚會之類的含糊承諾逐漸隱沒。電子郵件、手機訊息開始變得稀少，並沒有惡意或爭吵導致你們分開，只是現實讓人清醒；在某個特定的時間和地方，你們建立了連結，但那個時空已然消逝，與此相關的人事也已不再。你們是一塊陌生土地上的一群陌路人，而基於需要是發明之母的原理，你們彷彿天體被嵌進對方軌道，形成相互依存的運轉關係，而唯一的理由是你們同時在那裡存在。

身為一名背包旅人，你變得擅長說再見。

布拉格是我第一次見識到「一城之交」這種朋友關係的地方。我在那裡結識了五個很棒的人，然後那段日子結束，大家一哄而散，各自前往世界不同地方，繼續自己的冒險。

來到行程的下一站——佛羅倫斯，我在青旅跟一個名叫彼德的加拿大人聊了起來。他是世界有機農場機會組織（Worldwide Opportunities on Organic Farms）的志工，正在歐洲各地的有機農場用勞動交換免費食宿，希望多多學習關於食物的知識，以便成為一名廚師。他長得很高，留了過肩長髮，戴著一副眼鏡，臉上永遠一副傻憨憨的表情。他跟我一樣也在獨自旅行。

我們一起觀光了整整五天，每天到佛羅倫斯周邊地區一日遊，晚上飲酒作樂。他是我在佛羅倫斯最好的朋友。不，應該說在那個地方、那段時間，他是我**唯**一的最好朋友。

不過，重新上路的時候來到時，他也走了。

「下次見啦！」我們說。

那時我以為我們真的會再見面。我還是旅人世界的菜鳥。這種緣分可不是每天碰得到的！我們已經成了知己。**理所當然**，我們會再見面。

可是人生永遠會跑進來攪局。人人都有自己的路要走，遲早會安定下來，找個工作，交新朋友，結婚生子。

不管你碰到的是什麼人，這個循環會在旅途上重複發生一千次。從布拉格那群死黨到我在巴拿馬認識的一對情侶，從我環遊紐西蘭時碰見那些人到歐洲各地的沙發衝浪主人，從那幾個在澳洲跟我一起露營的荷蘭人到我在美國做公路旅行時搭我便車那幾個好玩得離譜的傢伙，從跟我在泰國結伴旅行那兩位老兄到希臘伊奧斯（Ios）島上那群麻吉，以及其他數以千計在十年之間與我共享過一些神奇時刻的人們，無論我們曾經多麼要好，人生總會跑來攪局。

在一段時間裡，我們是對方的最佳死黨、罪惡夥伴，有時甚至成為戀人。然而，隨著我們各自繼續在人生的旅途上流浪，那些人的身影開始從我們的記憶淡出。他們的名字被深埋在我們手機上一整排簡訊的底部。久久一次，他們會忽然出現在我們的心湖近處，通常是因為我們剛碰到的某個事物讓我們回想起他們，於是我們帶著一種思念的心情，想知道：他們在做什麼？他們還旅行嗎？他們有沒有如願走遍全世界？他們快樂嗎？結婚了沒有？喜歡自己的工作嗎？身體健康嗎？甚至，他們還在人世嗎？

這種疏離絕不是因為發生嫌隙乃至反目成仇，而只是源自一個事實：他們在某個時刻走進你的生活，然後他們在你人生劇場上的戲份結束，輪到新的人物出場。

我慢慢學會面對這個事實。我們的人生道路或許不再交會，但那些朋友對我的人生所造成的影響會永遠成為我的一部分。他們教導我放開自我、開懷大笑、熱烈地愛、勇敢地冒險、考驗自己的能耐，還有很多很多。

我知道，這話聽起來充滿不可思議的浪漫和悲劇色彩，而對從不曾有過這種強烈體驗的人而言，這一切想必也相當動人。其實，只要人與人的互動受到有限的時間與空間壓縮，這種情況總是會發生。舉例而言，同樣的現象會出現在夏令營。你跟剛好被安排住同一棟木屋的室友來自完全不同的世界，然後短短一個星期不到，你們儼然成為同父異母的兄弟、同母異父的姊妹。

旅行會壓縮人際關係。

在旅行的大冶爐中，外面的世界會被剝離，只留下現在，於是你所有經驗的強度都被放大了。沒有了過去和未來，你認識的別人只是當下那個時刻的他們。我們剛碰到他們的時候也許會問一些很基本、很籠統的問題，可是那其實只是一種類似談論天氣的對話。那只是我們在找到其他話題以前用來填補空隙的，它的作用是把我們帶向我們真正想知道的東西：你要不要去觀光，要不要喝一杯，要不要去海灘玩？你們之間有一種默契，知道你們能在一起的時間有限，所以你們會專注於此時此地。

不過有時候，你會遇到一些不只是一日好友的人。有時候，當旅行把雜音過濾掉時，你會跟某些人建立深刻而強大、不會被時間或距離拆散的連繫。

這種魔法第一次降臨在我身上，是二〇〇六年底我在泰國的時候。我正在寫郵件給我父母，讓他們知道我過得很好，這時一個訊息進來了：

「馬修，我被困在一個叫麗貝島的地方，沒辦法按照原定計畫跟你見面，不過你應該下來這裡走走。這個地方簡直是天堂！我已經在這邊一個星期了。到日落海灘的『猴吧』找我。——艾莉絲」

這時我人在泰國大陸和普吉島之間的披披島。艾莉絲是我在myspace平台上認識的朋友，我們本來講好要在喀比碰面。喀比與披披島隔海相望，擁有壯觀的石灰岩喀斯特地形，適合攀岩、划獨木舟，是舉世聞名的旅遊勝地。我還不曾見過艾莉絲，我們是在一個旅行群組中搭上線的。在那個古早的年代，東南亞還沒有什麼青年旅館，比較常見的是平價民宿。我有點擔心，沒有青旅的宿舍房迫使我跟別人交流，我搞不好沒機會認識朋友，我又會獨自一人。然後我發現艾莉絲跟我的旅行路線有重疊之處，於是發了訊息給她，提議碰面。「這樣一來，就算其他一切都落空，我至少還交到一個朋友，」我心想。

我查了一下麗貝島的資訊。我的旅遊指南只稍微提到這個地方。那是一個很偏遠的島嶼，必須花整整一天才到得了。不過，當我環顧我所在的網路咖啡，看到熙熙攘攘的人群和外頭的忙亂街景，我清楚知道這不是我心目中那個天堂般的泰國熱帶島嶼。這裡擁擠不堪，海灘上佈滿死掉的珊瑚，大小船隻似乎把整個島團團圍住，海水遭受汙染，水面上有一層薄薄的……還是不要知道好了。一個比較靜謐安詳的小島，那才是吸引我的天堂。

兩天後，我搭渡輪轉往大陸，坐了很久的巴士來到一個叫百巴臘（Pak Bara）的地方，再從那裡搭渡輪前往麗貝島。我晃到上層甲板，看到一名男子在彈吉他。他叫約翰，正在跟他的女友蘇菲雅遊歷亞洲，玩夠以後打算前往紐西蘭，他們計畫在那裡工作、置產，之後考慮結婚。

「你們打算住哪裡？」我們坐在甲板上曬太陽時，我隨口問了一句。

「我們在島的另外那頭找到一間度假村，應該蠻便宜的。你呢？」

「還不確定。應該會去住一個朋友那裡，不過對方還沒回我。我到那裡以後就會知道了。」

渡輪逐漸靠近小島，然後在海面上停了下來。麗貝島上沒有碼頭。若干年前，某個開發商曾試圖蓋一座碼頭，不過當地漁民抗議，結果計畫取消了。漁民在渡輪和岸邊之間載運遊客，這是他們的生財之道，要是碼頭建成，這個賺錢生意就沒了。於是開發商人間蒸發，事情就此不了了之。

約翰、蘇菲雅和我一塊前往他們的旅館，同行的還有一個年紀比較大的蘇格蘭人派特，他也在找住的地方。旅館俯臨一片岩礁和小而美的日出海灘，這裡會成為我們待在島上那段時間的主要玩樂地點。

我們朝小島另一邊艾莉絲和猴吧所在的日落海灘走去時，我很快就明白艾莉絲說的沒錯：麗貝島確實是人間天堂，擁有茂密的叢林、幽靜的海灘、晶瑩剔透且溫度宜人的湛藍海水，以及親切友善的居民。電力只在晚間供應幾個小時，旅館和遊客都很少，街道是純樸的土路。自從我的旅遊指南扉頁間的泰國周邊島嶼開始誘惑我以來，這就是我一直在找的地方。

我們很快就找到艾莉絲。日落海灘不大，而猴吧——只有一個冷飲保溫箱和幾把椅子的茅草棚——是海灘上唯一的飲食店。

幾天以後，我搬進島中央一間家庭餐館後面的小屋。小屋是漆成紅色的硬木建物，有白色的屋頂、小小的門廊，室內非常簡陋，只有一張床、一台風扇、一頂蚊帳。餐廳供應全島最美味的魷魚，小屋好像是這家人蓋來租給遊客住的，只不過這個島至今還迎不到多少觀光人潮。

我們過得很逍遙，每天玩雙陸棋、看書、游泳。我們輪流造訪不同海灘，不過最常待的還是約翰和蘇菲雅的度假村旁邊那處海灘。在游泳可達的距離內，有一座垂直聳立在海中的岩山，那裡是絕佳的浮潛地點。我們偶而會離開麗貝島，在附近的國家公園海域釣魚、潛水、探索無人島。晚上我們會在猴吧跟艾莉絲、派特、一對德國夫妻、比爾（整個旅遊季都在那裡工作的一個英國吧哥）、幾個當地人和其他零星加入我們這個大雜燴陣容的人一塊吃吃喝喝，直到供電停止才散會。

島上沒有太多事做，但是我們在簡單中找到快樂。時間一天天過去，彷彿永遠不會結束。

「明天我就走」，這句話成了我的口頭禪。

有機會跟艾莉絲一起玩是很棒的事，不過約翰、蘇菲雅和我成為這群人中感情最好的小圈圈。

「你們到紐西蘭以後打算做什麼？」某天晚上，一夥人在猴吧光線微弱的日光燈底下喝酒時，我問他們。

「我們會先工作個幾年，在那裡建立生活，」約翰說。「英國沒有什麼吸引我們回去的誘因。」

「我這次旅行有安排去紐西蘭，到時我再去看你們，」我回道。「那是我回美國以前的最後一站。」

「你可以住我們的地方——不管那會是哪裡，」蘇菲雅邊說邊遞給我一支大麻煙。

（這也是我們在島上消磨時間時常做的事。）

一直要到商店和房舍掛起耶誕裝飾、家庭遊客紛紛湧向海灘（他們彷彿變魔術般在一天之內全部出籠），我們才又意識到時間。

耶誕節意味著我很快就得離開，我的簽證效期在元旦前就結束了。我必須前往附近的馬來西亞邊境更新簽證，才能留在泰國繼續旅行。麗貝島上沒有辦法讓我延簽。

約翰、蘇菲雅和我決定一起過個屬於我們的耶誕。我們穿上最乾淨的襯衫，走到「可可餐廳」，享用那裡的豪華西式耶誕大餐。

「我給你們帶了小禮物，」我說著就把一條項鍊拿給蘇菲雅——幾天前我剛好看到她在打量這件飾品。我送給約翰的是一個先前他說很好看的戒指。

他們深受感動，而就像旅途上新認識的好朋友之間常見的情形，他們也做了同樣的事。

「我們也帶了東西給你，」約翰說。

那是一條手工雕刻的項鍊，上面有一個象徵旅人的裝飾——毛利[43]魚鉤。

我愛不釋手。

離開那裡幾個星期以後，我在曼谷考山路閒逛時居然碰到約翰和蘇菲雅。這個巧合讓我們大吃一驚，我們互相擁抱，興奮地談論這些日子我們去過那些地方、看到什麼東西。

接下來幾天，我們都在一起玩，彷彿我們從沒離開過麗貝島。

幾年過去，我終於去了紐西蘭，在他們位於奧克蘭的家過耶誕節和新年。我在最初那次環球旅行中並沒有按照原定計畫前往紐西蘭，可是等我終於去到那裡，他們是我第一個想見的人。他們都已經在上班，而我仍然在旅行。我們的人生都已經各自向前推進，我們有了新的朋友、新的生活，但我們仍舊會為了同樣的笑話大笑，仍舊有同樣的幽默感，相處非常融洽，彷彿我們已經認識好幾輩子。中間那幾年發生過的一切都消融於無形，我們又回到從前那處海灘，暢快地聊著只有旅人在這個世界上沒有其他事需要煩心時才會談論的事。

每年都有數以萬計的人湧入西班牙一個叫布尼奧爾（Buñol）的小鎮，參加名聞遐邇的「番茄節」（La Tomatina）——全世界規模最大的番茄大戰。

43 譯註：指紐西蘭原住民毛利人（Maori）。毛利人屬於南島民族波里尼西亞支，人類學研究推論其起源可以追溯到南島民族的發源地台灣。他們的祖先大約在五千年前從台灣往外遷徙，在太平洋島嶼間多次遷徙與融合後，於十四世紀前半葉抵達紐西蘭定居，形成毛利民族與文化。

番茄節衍生自千百年來讓歐洲各地市鎮充滿歡樂的嘉年華和收穫節傳統，不過這個節慶本身其實是一九四五年才開始舉辦的活動。那天布尼奧爾正準備舉行一場遊行，結果一名參與者的服裝出狀況，巨大的頭部忽然掉了下來，這個人在氣急敗壞之下，竟然搗毀一個番茄攤，引發大規模的丟食物大戰。第二年同一天，一些年輕人帶了一堆番茄回到現場，食物大戰再次爆發，從此這就變成西班牙的一項傳統。不過這個節慶曾經中斷：有好幾年，政府禁止這個活動，打算參加丟食物大戰的民眾甚至因為攜帶番茄而被逮捕。一九五七年，民眾以諷刺方式抗議禁令，他們將一顆巨型番茄擺進棺材，在送葬進行曲的樂音中把它埋葬。後來政府決定讓步，番茄節這個民俗傳統就成為年年登場的盛事。

這個節慶的背後蘊含了深植於當地生活經驗、傳說故事與食物的深厚歷史，因此人到那裡時，如果想到這一切，就很難不覺得自己是個外來者。我可以想像在一九四五年的時候，民眾自發性地展開那麼瘋狂而且刺激的丟食物大戰，肯定跟那年夏天二次大戰結束、人心歡騰有關。一九五〇年代，抗議番茄禁令一定是一種變相抗議當時西班牙法西斯政府的方式。當然，我們可以不必知道那些歷史，只要人到布尼奧爾，買張入場券，抓起番茄亂扔一場就行。這個小鎮自然很歡迎觀光收入，但當地人看到一項在地傳統變成全球觀光客趨之若鶩的旅遊項目，心中的感受想必多少有點五味雜陳。至少就我而言是如此。我會不會因為參加番茄大戰而成為特殊傳統庸俗化的幫兇？我是不是不夠認真看待番茄節？而我們為什麼要認真看待打番茄仗這種事？

參加番茄大戰那年，我住在一個有六個床位的宿舍房，室友包括亞歷斯，一個住在巴黎的馬來西亞男生；喬西和喬埃，一對來自波特蘭的雙胞胎兄妹；還有克萊兒和尼克，兩個正在暢遊歐洲的澳洲背包客。

番茄大戰那天，我們搭火車來到布尼奧爾，奮力穿過密密麻麻的人群，往市中心廣場移動。街道越來越狹窄，人潮顯得更加洶湧。後來我們終於找到一處可以容身的廣場，在廣場後側佔好位置。民眾爬上建築物突出的地方和樹木，甚至在屋頂上就定位。所有人都要找制高點。

鈴聲響起，混戰展開。堆滿番茄的大型清潔車穿越市區。轉眼之間，所有人身上紅汁流淌，番茄被砸爛在頭上，茄汁染紅了河流。人在後方位置，要搶番茄實在不容易，不過我還是竭盡所能抓到一些已經快被壓爛的番茄，胡亂往周邊的人身上丟去。我玩得開心極了，整個過程中又是吼叫又是狂笑，結果三不五時就有番茄飛進我的嘴巴。有個日本觀光客為了佔據更有利的攻擊點，爬到我們上方的門廊頂端，結果反而成為數以十計紅色飛彈的標靶，在猛烈轟炸下一個重心不穩，就栽進底下的人群裡。

這場亂仗開始得快，結束得也快。為時一小時的番茄大戰，感覺好像三十秒鐘就過去了。最後一陣番茄劈啪落地以後，所有人排排站著讓消防車沖水。我聽說布尼奧爾的中央廣場地面特別光亮，因為長年以來，番茄所含的酸素發揮了拋光效果。

接下來幾天，我們這群夥伴忙著遊覽瓦倫西亞。共享的經驗使我們之間的關係更加緊密，我們幾乎從早到晚都黏在一塊。我在他們身上彷彿找到了同胞，那種感覺好像我們打從出生就已經認識。而這次，天地萬物合謀在這個節日把我們湊在一起，以便讓我們確定我們一直都是好朋友，只是先前還不知道罷了。

番茄節之後兩個星期，克萊兒、尼克和我一起待在巴塞隆納。亞歷斯已經回巴黎，雙胞胎只跟我們在巴塞隆納玩了一天，就轉往威尼斯去了。看到這幾個碩果僅存的夥伴在巴塞隆納哥德區[44]一邊晃蕩一邊嬉笑怒罵，我們新認識的朋友蜜雪兒不難感覺出我們很熟。

「你們以前是不是同學？我覺得三個來自不同地方的人能當這麼久的朋友，實在滿酷的。」

「其實我們認識才兩個星期而已，」尼克說。

「哇！真的假的？」蜜雪兒大吃一驚地說。「你們的梗超多，看起來好像已經認識一輩子了。」

說句實在話，在背包客的專屬時空，共同相處兩星期的確可以算是一輩子了。不過就算如此，我們之所以看起來很像從小就認識，原因是我們的行為在很多方面的確就像小孩子，成年人的世界沒有機會侵入我們之間的友誼。我們從頭到尾都在玩耍。而就像小孩子一起玩的時候一樣，我們經歷的是童稚意義上的友情，只有歡樂，沒有價值判斷。因為，旅行會幫助我們做另一件事：讓我們直接面對，自己對別人的判斷和觀感。比方說戴福和麥特這樣的人。

戴福和麥特是我在泰國參加滿月派對[45]時認識的兩個加拿大人，他們在石油公司上班。好幾個月以後，我來到澳洲伯斯，讓他們招待我幾天。身為旅人，我們總是在跟人道別，然後答應他們如果有一天他們來到我們住的城市，我們可以把沙發借給他們睡。我在臉書上貼文宣布我要前往澳洲時，戴福自願出借沙發，我則欣然答應。不過，當

44 譯註：哥德區（Barri Gòtic）是巴塞隆納舊城區的核心地帶，位於加泰隆尼亞廣場和地中海濱的舊港之間。這個地區大部分建築物建於中世紀，有些甚至可以追溯到古羅馬時期。哥特區完整保留中世紀錯綜複雜的狹窄街道和小廣場，是遊客必訪之地。

45 譯註：滿月派對（Full Moon Party）是在泰國南部暹羅灣的島嶼帕岸島舉行的大型露天熱門音樂派對，一九八五年起每個月於月圓時舉行。吸引世界各地數以萬計遊客參與，與西班牙伊比薩（Ibiza）和印度果阿（Goa）被視為世界三大銳舞（rave）派對地點。受新冠肺炎疫情影響，二〇二〇年三月起暫停舉辦。

在機場到他們住處的路上，看著坐在前座這兩個石油公司員工兼衝浪玩家時，我忍不住心想我們是不是還處得來。生活在旅行泡泡中時，跟人相處很容易，我們只關心當下享受的歡樂。我們可以當我們想當的任何人，就算有人不喜歡我們的樣子，我們知道無論如何他們大概很快就會離開。

真實世界不是這樣。你會有帳單要付，有責任要背。工作、通勤，各式各樣的憂煩。你不再四處遊歷，現在的你固定在一個地方，設法建立某種生活。

這兩個人在自己的國家是什麼樣子？他們是乾淨還是邋遢？是不是酒鬼？有沒有強迫症？是早起型的嗎？政治立場與我相反？他們看不看書？日復一日在家過生活會不會讓他們煩躁不安？還有，他們搬到伯斯是不是因為有什麼特殊原因？我開始想這些問題以後，才發現我對他們幾乎一無所知。旅行的時候，我們不會問這類問題。可是搞不好他們其實是某個邪教的成員。

幸運的是，我對雙方之間性格衝突的擔憂毫無根據。事實證明戴福和麥特是非常稱職的主人，他們帶我到海灘和當地的酒吧、餐廳，還讓我看了一些澳洲電影，這樣我在澳洲各地旅行的時候會比較了解大眾文化。我們彷彿從來沒有離開泰國那處海灘，我甚至覺得，其實是泰國那種海灘人生觀從來不曾離開他們。他們把游牧旅行經驗這個浩瀚的時空免稅店裝進行李箱，帶回了家鄉。

在自己國家的時候，我們很容易馬上評斷別人。根據他們的衣著、他們用的手機、他們的儀態來評斷他們。看到一身哥德裝扮的人走在街上，我們馬上想到「怪咖」。看到青少年在公園裡溜滑板，我們馬上想到「龐克」。看到白人剪了雷鬼頭，馬上想到「嬉皮」。我們會在跟我們類似的人周邊運轉，很少從我們的均質社會圈走出去。

但是，一旦我們踏上旅途，我們就會跟形形色色的人相處。交朋友的欲望會突顯出來，我們不會知道別人的背景或過往經歷，我們不會知道他們屬於哪個「族群」。我們不在意，因為這些都不重要。朋友就是朋友，就這麼簡單。

這迫使我們敞開心胸、推倒障礙、拋棄判斷；我因此有機會跟兩個刺青衝浪男建立緊密的情誼，後來還參加了他們的婚禮。

因為我碰到他們的時候沒有評斷他們。我沒把自己的偏見帶到泰國，我把他們看成是好人，就這樣接受了他們。現實世界讓各種偏見和刻板形象塞爆我們的內心，導致我們沒有機會享受各式各樣的人能帶來的豐富交誼。

旅行正是這種情況的解藥。

旅行時建立的友誼就像凝結在時間中的圖像。再次見面時，雙方彷彿被帶回了那些時刻，又成了那群無憂無慮探索世界的開心孩童。對你們而言，人世間的一切沒有介入你們之間的關係。

時間靜止了。你們活著兩種不同的人生，但各自人生中的困擾煩憂沒有像壞血般倘進你們的友誼。你們把酒言歡，回味從前，為同樣的蹩腳笑話捧腹大笑，絲毫不會覺得尷尬。

這就是我把人分成兩種的原因。某些人在青旅生活過，他們曾被迫將陌生人變成朋友，必須直視自己原有的偏見，這種人經常比較友善、比較輕鬆自在，心胸比較開闊。這種人習慣了獨自生活、沒有社會支援系統的日子。他們已經學會深吸一口氣，朝十個坐在一起的人走過去，問他們旁邊那個位子有沒有人坐。

我們學會跟不同類型的人相處。我們明白人就是人，不要靠外表論斷，就像我們不要用封面判斷一本書的價值。我們明白，一個人屬於哪個「族群」並不重要，重要的是他的行為方式。

旅行創造機會，讓我們遇到平常走在街上時完全不可能想認識的人。旅行剷除各種人為因素，讓我們在旅途上結識一些我們再也不會遇到的那種好朋友——一輩子都在的朋友。無論你們何時有機會重逢，他們永遠準備好再續前緣。

第七章

旅外僑民的生活

旅行對日常生活所起的作用，與優秀小說家做的事雷同，也就是把生活像圖畫般裝進畫框，或像珠寶般嵌入托座，使其固有特質顯得更加明晰。旅行用這種方式處理日常生活的基本材料，為它賦予藝術的犀利輪廓與意涵。

——芙瑞雅．史塔克

某天深夜，在雅典衛城附近的一間小餐酒館，我慢慢啜飲著烏佐酒[46]，大大的背包就擱

46　譯註：烏佐酒（ouzo）是流行於希臘和塞浦路斯的茴香烈酒，通常作為餐前酒飲用，是希臘世界的標誌性飲品。地中海周邊和西亞許多國家也有風味類似的茴香酒，例如土耳其的拉克酒（raki）、地中海東岸地區的亞力酒（arak）、法國的巴斯提士酒（pastis）、義大利的桑布卡酒（sambucca）等。

在身邊。這時正在擦吧台的酒保（一位頭髮班白、蓄了濃密八字鬍的親切長輩）停下工作，把毛巾擱在胳膊上，朝我坐的桌子走過來。

「小老弟，」他說，「你看起來應該是剛到我們這裡，還沒找到住的地方。我要關門了，我弟弟剛出生的小兒子今天受洗，我們一家人正在慶祝。我有榮幸邀請你來一塊慶祝嗎？」

我怎麼可能拒絕？我跳上他的摩托車後座，不一會兒已經來到他弟弟家的庭院，看一整家族的人烤全羊吃、唱歌跳舞，直到夜色更深。我儼然成了新的家族成員，他們很大方地把客房借給我住。一個晚上的活動變成三天，他們熱忱招呼我，帶我到市區各處走逛，教我一些實用希臘語。每天早上起來，酒保的弟媳已經做好早餐給我吃。晚上，大家一起喝烏佐酒，我順道學點希臘料理，不過手藝很糟。

幾天後我要離開時，我答應會保持連絡，往後旅行也會寄明信片給他們。

我們總是盼望得到這種充滿神奇因緣的旅行經驗。這一切宛如不可思議的小說情節，而我居然身歷其境。

只不過我沒有。人生不是真的像這樣。

這個故事從來沒發生。

人在旅途上會經歷很多美妙的時刻，但想要有這種奇遇——你跟在地生活無縫接軌，你獲邀參加派對、品嘗當地居民自家料理的美食、體驗意想不到的遊程，你「吃飯、祈禱、愛[47]」，揮灑熱情與想望，享受一個人的旅行——機率可比中大樂透。

這話的意思並不是說電光石火永遠不可能閃現，那種神奇因緣真的曾經發生在我身上。慕尼黑那幾個大學生請我去聽搖滾音樂會；愛爾蘭城市高威（Galway）的餐廳那對夫妻帶我和我的朋友去喝餐後酒；柬埔寨那個酒保請我們到她在鄉下的家玩；丹麥那家人帶我們參加他們的週日晚餐。

這種事確實會發生，不過非常稀罕，因為真實生活中的旅行沒那麼浪漫，也沒那麼簡單。

人在旅途上，會跟在地民眾和其他旅人偶然發生無數小小交會。但是，在酒吧、餐廳或公車上碰到一些人，跟他們聊你從哪裡來、為什麼來這裡，分享一些歡聲笑語，或參加遊覽行程、跟團員談天說地，這是一回事。被別人邀請到他們家，進入他們的日常生活，

47 譯註：「吃飯、祈禱、愛」的典故來自美國作家伊莉莎白・吉兒伯特（Elizabeth Gilbert）出版於二〇〇六年的回憶錄《吃飯、祈禱、愛：一名女子橫越義大利、印度和印尼尋找萬事萬物的旅程》（*Eat, Pray, Love: One Woman's Search for Everything Across Italy, India and Indonesia*）。中文版由馬可孛羅文化出版（2007），書名為《享受吧，一個人的旅行》。另有華語人士以日本知名女星姓名為靈感，取其諧音將書名譯為「飯、禱、愛」。這部作品連續一百八十七個星期出現在《紐約時報》暢銷書排行榜，並被改編為電影，於二〇一〇年上映，轟動一時。

這卻完全是另一回事。走下公車時，忽然對方說：「等一下，今天晚上你要不要乾脆跟我們一家人一塊吃飯？」餐廳服務員主動跑來說：「待會我們打烊以後，請留下來跟我們喝幾杯吧。」從酒吧閒聊，變成參加某人的庭園烤肉會、他朋友的家庭派對、他外甥的表弟的婚禮，或者成為某個人的公路旅行夥伴；感覺自己從陌生人變成嘉賓，在當地有了真正的歸屬——這一切都是非常不同的一件事。

大多數人並不想跟馬上就要離開的人交朋友，而旅行的人對「離開」這件事的確很在行。在地居民不會願意隨隨便便就讓自己的生活被外人打擾。不說別人，我們自己恐怕也一樣。我們有自己的事要忙，我們想跟會落地生根的人交往，跟我們可以指望的人。所以，如果要真正走進某個人的私人世界，讓那種深刻的交流成為日常的一部分，進而真正認識一個地方，那麼你就必須把原來的腳本丟掉，然後實踐一件旅人非常不拿手的事：留在當地。

走下從維也納啟程的夜車，步出十九世紀興建的巨大紅磚火車站，我置身於輕軌電車、腳踏車和古老磚造樓房交織而成的街頭，凝望縱橫錯落的運河和窄小的砌石街道。我的左邊是聖尼古拉斯大教堂，這棟美麗的巴洛克風格建築會成為我最喜歡的教堂。我的前方是熙來攘往的上班人潮。我設法通過這一片繁忙雜沓，按照地圖上的指示往青旅走。我預訂的旅宿位於聲色犬馬的阿姆斯特丹紅燈區。

待在這個城市的頭幾天，我跟大部分背包旅人過著同樣的日子——飄飄欲仙。這個地方對大麻的開放程度讓我這個美國佬大開眼界，我樂此不疲，其他背包客當然也無法抗拒這種誘惑。在旅行者眼中，阿姆斯特丹是名滿天下的罪惡之都。背包旅人在穿梭歐陸的行程中，會特地到這裡狂歡。至少對我在旅途上遇到的許多美國人而言，這是他們第一次覺得自己擺脫傳統禮教的地方，他們在這裡開始褪去了一部分深受清教思想濡染的美國性格。

不過幾天以後，我還是覺得無聊了。這時是二〇〇六年，我展開環球之旅已經五個月。難道這就是所謂旅行？在其他城市，旅人會狂歡，也會參觀景點。在這裡，大家似乎只有狂歡，直到頭昏眼花。我喜歡呼麻，不過那不是我來到這裡唯一打算做的事。這跟我在維也納的經驗形成尖銳對比，我是透過當地人的觀點見識了那個城市，那種旅行方式才是我想要的。我不要成天無所事事，從早到晚只有哈草。外頭畢竟有個大城市等著我——一個擁有豐富人文的美麗城市，充滿歷史、藝術、觀光資源和形形色色的市民，這些都是我想認識的。阿姆斯特丹在數個世紀前建立響亮名號，並不是為了變成歐洲頭號迷幻之都。這個城市之所以盛名遠播，是因為它在其他歐洲國家還忙著處死異教徒的時候，就已經成為歐洲的貿易和金融樞紐，以及思想自由和宗教自由的寶地。豪商巨賈在運河畔建起一棟棟尊貴府邸，為林布蘭特和其他偉大的荷蘭繪畫大師提供無盡靈感。使阿姆斯特丹獨特的因素很多，大麻其實只是很晚才出現的一個微不足道的東西而已。但是直到今天，儘管休閒用大麻在全美各地已經可以自由取得，美國人遠渡重洋來到荷蘭仍舊沉溺其中，錯過真正重要的部分。

抵達阿姆斯特丹一個星期以後，我在市區街頭夜遊。在這種深夜晃蕩的過程中造訪的地方，不是令人留下難以磨滅的記憶，就是在多年以後變得迷濛不清，彷彿出自自己的想像。我需要找些「咖啡店[48]」以外的東西。在那晚的夜遊中，某個時候我來到賭場前面。雖然我是用很有限的經費在旅行，但此刻玩撲克牌比呼麻嗨翻更吸引我。大學畢業後，我跟一群朋友開始每星期聚在一起玩撲克，玩著玩著就上了癮。我很喜歡解讀別人的心理，而且靠著玩撲克籌到一部分旅費。

我在一張坐滿當地牌客的賭桌坐下，他們正在玩二／五美元無限注。我先是坐陣旁觀，後來終於決定加入戰局時，發牌員用荷語跟我說了句話。「抱歉，可以麻煩你用英語再說一次嗎？」我靦腆地說，對自己問了這個再觀光客也不過的問題感到尷尬。

我已經揭穿自己的外國人身分，而在非觀光地帶，這向來都是個輸贏參半的險局。所幸這次的結果是好事，因為在座的當地人剛好有了話題可以問我：我怎麼會出現在這張牌桌，而不是像其他觀光客那樣拼命跑「咖啡店」。

我向他們說了真心話：我有興趣了解阿姆斯特丹的生活，而成天呼麻對我來說已經不再有新鮮感。他們很欣賞我的好奇心，於是我們閒聊了一整晚。

我跟坐得離我最近的兩個人最投緣。其中一個是葛雷，他是非洲裔，比較年長，人高馬大，笑容燦爛，笑聲溫暖，撲克牌打得很爛（這點對我很有利）。另外那個叫馬汀，他年紀輕，個兒很高（跟大多數荷蘭男人一樣），禿頭，神情若有所思，酒量過人，菸癮超大。

聽他們東拉西扯，我開心極了，於是接下來幾天每個晚上都往那家賭場跑，因為我知道他們會在那裡。他們跟牌桌上的其他客人都讓我覺得自己融入了某種東西。我不只是個在青旅酒吧呼麻呼到嗨、拿著相機到處拍照的背包客。我是個深深探入在地脈絡的**旅行者**，能真正認識生活在那裡的人。我努力了解當地文化，而這群牌客就是我的嚮導，跟我在維也納時漢娜扮演的角色一樣。

48 譯註：荷蘭所謂「咖啡店」（coffee shop）即大麻店。

他們與我分享這個城市的生活點滴，告訴我一些觀光客不會知道的餐廳和酒吧。撲克牌是我們之間的黏著劑，而在每天晚上我們相處的幾個小時中，我覺得自己也成了當地人。

我離家旅行世界，為的是學習關於它的一切。儘管我很喜歡參觀博物館、參加徒步導覽行程、跟我遇到的人交流片刻，但這些都無法讓我深入認識我造訪的地方。我覺得自己在那幾天晚上學到的阿姆斯特丹相關知識，比我待在這個城市的第一個星期獲得的總和還多。而假使撲克牌桌那群人只是把我當成愛看熱鬧的傢伙或擅自闖入的不速之客，甚至是擾亂秩序的害群之馬，想必我連一半東西都學不到。

身為一名旅人，有件事是我們需要時時留意的。如果我們走進觀光客雲集的地帶，或者甚至只是走一些背包旅客習慣走的路線，看在當地居民眼中，我們可能有點類似蝗蟲。遊客在旺季蜂擁而至，到處製造排隊隊伍，霸佔平日清靜的街道，走的時候留下一片亂象。除了帶來一點觀光收入以外，他們什麼貢獻也沒有，就只有消費而已，只是從當地人那裡予取予求。但如果我們待上一陣子，我們就能稍微平衡雙方之間的天平。我們跟當地居民的關係會多出幾分共生性質，甚至有機會交幾個坦率真誠的朋友。

時間一天天過去，我不斷把離開阿姆斯特丹的日期往後推延。我認識了一些當地朋友——不需要過幾天就道別的朋友。這是我在這趟環球旅行中，第二次覺得自己像個真正的旅人。不只是透過相機鏡頭隔靴搔癢，拂過一個地方的表層，而是更深一層地認識一個地方，學習那裡的人情世故。

他們帶我到位於市區東側的城東公園（Oosterpark）。這是一處幽靜的方形小公園，栽植成排的柳樹，還有群鴨悠游的小池塘，以及悠哉餵鳥的清閒老人。這是當地人喜歡的地方，因為在這裡他們可以避開馮德爾公園（Vondelpark）那些隨地丟垃圾的觀光客和呼麻仔。

他們介紹我吃荷蘭丸子（bitterballen），這是一種一口酥大小的油炸肉丸，外表看起來像法拉費[49]，但咬下去以後味道像週末美食鍋燒肉。

幾個星期過去，我培養出某種生活模式。我從賭場那群牌友那裡學到一些基本荷語，每天晚睡晚起，用我賺到的錢吃一頓頓美味大餐、參觀一間間博物館，還有呼麻呼個痛快。我會走上好多個小時的路，一直走到城市邊緣，讓自己迷失在阿姆斯特丹名聞遐邇的優美運河和迷人巷道間。人只有在內心不斷告訴自己「我可以在這裡住下來」的時候，才會這樣過生活，然後忽然發現自己會比較起各個不同城區的優缺點。

49 譯註：法拉費（falafel）是流行於中東地區及猶太人社群的蔬菜丸或蔬菜餅，在埃及主要使用蠶豆，在西亞則以鷹嘴豆為主。

可是一切美好都有結束的一天，包括我的歐洲簽證，而奔赴東南亞的日子不久也要到來了。在阿姆斯特丹度過將近兩個月之後，我沒辦法在歐洲繼續待下去了。

在阿姆斯特丹的最後一晚，我的新朋友們和我一起聚餐，玩了一下撲克牌，然後喝了最後一輪酒。我告訴他們我接下來的目的地，還有我還打算繼續旅行多久。我們回味這段日子——如果你只在某個地方待上幾天，或是只跟一群人相處很短時間，這是不太可能做到的事。他們很高興我竟然能體會到阿姆斯特丹不只是紅燈區、鬱金香、風車和呼麻仔最愛的「咖啡館」。他們說，所有來到阿姆斯特丹的觀光客和背包客滿腦子就只有這些東西。不過他們也承認這只是他們的猜測，其實他們都沒見過背包客，更不用說跟背包客交流。他們又何必做這件事？一般背包客從來不會這樣遠離常規路線另闢蹊徑。我們在自己國家又費心跟多少觀光客交流過？沒有，對吧？因為沒有理由這麼做。

假如有人須發動章給游牧旅人，我覺得我作為這些本地人第一次接觸和交流的旅行者，也許有資格拿到勳章。那天深夜，離別的時刻到來，他們邀我下次到歐陸旅行時一起去阿姆斯特丹南邊的烏特勒支（Utrecht）走走。他們說，阿姆斯特丹固然很棒，不過不代表真正的荷蘭，這個國家還有很多很多其他東西可以看。

身為一個人，我們在智識層面都明白這點。只要看一眼地圖，就知道阿姆斯特丹只是荷蘭的一小部分。可是身為一個旅人，我們到一個國家經常只能以管窺天；你手上的旅遊指南，和比你先造訪過那個地方的旅行者所提供的建議，已經聯手把管壁造好了。

而在我們認識他們以前，我們永遠不會知道只有在地人才知道當地的真實面貌。

二〇〇七年初，我遷到曼谷，打算在那裡待一個月。我特地用「遷」這個字眼，而不是「旅行」或「造訪」，因為這次我是帶著一個目的來到曼谷：在走訪泰國北部鄉村以前學習泰語。在東南亞的觀光地區遊走了將近五個月以後，我想逃出早已被踏爛的常規路線，遠離背包客族群和無止境的狂歡，體驗某種感覺上稍微比較真純道地的東西。依善[50]是個發展程度較低、遊客稀少的地區，非常適合我的需求。我打了如意算盤：學些泰語可以讓我走逛起來更方便，也更容易接觸當地人。曼谷將成為我的運作基地。

雖然從幾年前跟史考特一起第一次玩曼谷以來，我就一直不喜歡這個城市，可是這裡有標準的「國王泰語」，似乎是學習這個語言最理想的地方。泰國擁有林林總總的地區方

50 譯註：依善是泰國東北部二十個府的統稱，這個地區與柬埔寨和寮國接壤。「依善」在泰語中即為「東北」之意。

言，對初學者而言非常混淆。泰語也是個聲調語言，所以使用某個方言的時候，除非你有辦法發出每個字的正確聲調，否則別人經常聽不懂你在說什麼。值得慶幸的是，「曼谷泰語」大致上是這個國家的共通語：就算在外省地區它不是當地人的第一語言，你還是有很大的機會讓別人聽懂你的話。

「或許我會慢慢喜歡上曼谷，」我心想。這個城市肯定不是只有過去我當觀光客的時候見識到的汙染、雜亂和交通堵塞。大曼谷地區有一千萬以上的人口。先前我對布拉格有過的第一印象被事實證明是錯的。也許我只是沒看到「真正」的曼谷。我抱的希望是，等我多學會一點泰語，能跟當地人做進一步的溝通，我就可以複製我的阿姆斯特丹經驗：很快找到住的地方，交一些當地朋友，好好認識這個城市，然後，該離開的時候來到時，我會再度上路。但心中知道自己已經留下一個由好友、熟人和各種私房地點所組成的生活脈絡，吸引我再度造訪。

可是，待了一個多星期以後，我還沒找出我在阿姆斯特丹打造的切入工具，美好因緣在曼谷沒出現。沒有賭場讓我遇到一群撲克愛好者，我的泰語班上沒有其他學生。我沒找到很多像是博物館、公園、劇場這類適合觀光客的活動，而這個城市的炎熱和汙染，以及市區幅員遼闊的特性，讓人很難愜意自如地四處走逛。每天，我會起床、出門上課、找一些新的餐飲店或美食攤來嘗試，參觀一些廟宇，然後回到我住的民宿玩《魔獸世界》。在我的整個旅行生涯中，這段日子大概最接近我在波士頓的狗臉歲月，而家鄉那種一成不變的上班生活卻正是我竭盡所能不要讓自己重新陷進去的東西。

沒有任何美妙的事像在阿姆斯特丹那樣偶然間發生。無論我做什麼，無論我多努力嘗試，曼谷就是不願意把它的奧秘託付給我，於是我開始想要放棄它了。

我變得越來越煩悶而憂愁，後來乾脆決定延長我的旅行，隔年返回歐洲一陣子。旅行一直是我遁離煩悶的最佳辦法。我懂旅行這回事，知道我能期待什麼，事情會怎麼運轉，如何在旅途上交朋友。在旅行的路上，我從不會煩悶，從不會寂寞。倘若我在曼谷得不到我尋覓、盼望的一切，不如移動到世界上其他某個令人驚艷的城市，在那裡尋找我要的東西。

現在只有一個問題：我沒有足夠的積蓄讓我再到歐洲待一個夏天。

我需要一份工作。

在東南亞，教英文是最容易獲得的工作之一。這個地區的人想學英文，以便在全球市場上擁有競爭力，龐大的需求使得所有以英語為母語的人（以及很多母語不是英語的人）

基本上都不會找不到工作。

教授成人英語的公司通常會付不錯的薪水。假如我教幾個月，把所有錢存起來（我對怎麼過便宜生活很有實戰經驗），我就能很快補滿旅行基金，迅速重新出發上路。這是我的完美計畫。

我在曼谷一間規模頗大的語言教學中心找到了工作。這間學校位於市區另一邊的賓告，必須越過昭披耶河才到得了。我決定搬到考山路附近一間距離比較近的民宿，因為從考山路這個背包客天堂到我的學校即使塞車也只要三十分鐘左右，同時我也期盼，跟其他正在旅行的人住近點，也許可以讓我在勤奮工作充實荷包的日子裡提振精神（順便交些朋友）。

但是搬到考山路附近並沒有改變我的狀況。每天晚上我會出去幾個小時，上酒吧找人聊天。不過現在情況已經不一樣了。跟他們不同，我早上得上班。我有責任要負。我不能晚睡晚起，也不能宿醉。我已經離開旅人的泡泡，不再屬於他們的世界。早上我睡醒的時候，他們可能已經要動身前往下一個目的地。

儘管交了數不清的「五小時朋友」，我真正想要的是比較長久的東西，因為我現在的確長期生活在這裡。我試圖填滿一個無法填補的空缺。人生第一次，我明白為什麼在地居民沒興趣或者沒耐心跟觀光客來往，為什麼他們不想花時間認識外面來的人。他們何必把心力耗在像我這種他們推測不可能有回報的旅人身上？

一個月很快就過去，我在東南亞土地上紮根的打算一直沒什麼進展，後來一個旅途上認識的朋友提議我跟她的朋友澤爾斯連絡。澤爾斯是一個在泰國生活的菲律賓人，他也在教書。「也許你們該找機會見面聊一下，因為你老是抱怨生活很悶，我聽得都煩了，」她透過臉書告訴我。「你需要脫離這種苦悶的日子。」

澤爾斯長得不高，理了短短酷酷的刺蝟頭，喜歡穿五顏六色的印花襯衫和牛仔褲。終於見到面時，我們整個晚上聊女生、電玩（他也愛打電子遊戲，甚至打造了一台客製化的高功能電腦，專門用來打電玩），還有曼谷生活的奇聞怪談。

澤爾斯很快就變成我在曼谷生活的掌門人。他帶我到各式各樣的酒吧，我本來完全不知道曼谷有這些地方。我見到他的一些朋友，有些是泰國人，也有住在這裡的外僑。這批新朋友使我的曼谷生活迅速改觀。彷彿這個城市有一道密碼鎖，澤爾斯幫我按了密碼，大門就這樣打開了。這種感覺有點像打進某個必須有會員領路才進得了的俱樂部。他那群朋友帶我參加各種派對，以及怎麼趕場也趕不完的宴會、晚間社交聚會和週末出遊活動。

我的朋友圈擴大到相當規模。其中有位琳達，她是個比較年長的美國人，家族擁有一間旅遊地圖公司，她的地位有點類似這個城市的僑界女性長老。還有一個加拿大同志叫萊恩，他的樣子GAY到不行，不過我從頭到尾沒弄清他到底做什麼工作。有個澳洲女孩子叫凱瑟琳，她交遊廣闊，什麼人都認識。還有蘿拉，一個似乎永遠在計畫辦趴的美國人。來自德國的夜店經理人福羅里安也成了我的朋友。還有一些人是白天在大公司上班的白領階級。在這群人四周，更多其他人來來往往、川流不息，彷彿在星座邊緣運轉的小行星。

曼谷的外僑社群形成緊密連結的複雜網路。認識了其中一個人，很快就會再認識三個。這讓我想到當背包客時，從一個城市、國家或青旅移動到另一個城市、國家或青旅的過程中建立的旅人交友圈。這些旅外人士同樣也是身在異國的異鄉人，試圖找到跟他們類似的人，共同組成一個相互理解與支持的社群，只不過他們建立的社群比背包客社群多了幾分長久性罷了。

有了這麼多活動和新朋友，住在考山路一帶不再是理想的選項[51]，因為待得越久，我就變得越像外僑，我的旅人身分隨之日漸模糊。外僑生活是**真實的生活**，而真實的生活是在都市的核心地區上演的。

我又得搬家了。

外僑生活很詭異。它具有在自己國家的現實生活所含的全部道具——責任義務、例行公事、向上流動的欲望、人際關係、各種各樣的承諾——不過又有一層無常不定的特質烙印其上，令人難以忽視。旅居在這裡的每個人都在表演一項特技，彷彿出征的士兵，不知道任務會持續多久。一年？兩年？十年？天曉得！或許他們會跟當地人結婚。或許工作會把他們帶到別的地方去。或許他們會疲勞厭倦，決定返回國內。或許他們會永遠留在當地。這種事誰都說不準；所以所有人都把自己看成是在做長期性的「度假式工作」，就這樣繼續生活著，從不會完完整整地跳進到「永久定居」這個終極端點。

決定從考山路搬到曼谷核心區以後，我的運氣不錯，在澤爾斯住的那棟大樓找到一間有裝潢附家具的公寓，而且租金很便宜。屋主很客氣，他們提供洗衣服務，而且熱心教我泰語。更棒的是，那棟大樓離我最喜歡的一些酒吧和我的新工作地點都很近。我已經轉到另一家公司任職，這家公司的業務包括教高中生考SAT（美國學術評量測驗）和其他各種標準化測驗的訣竅，還有教大型跨國公司的員工怎麼用英文寫電子郵件。我不太知道該怎麼稱呼這種行業，不過對一個以英語為母語、擁有企管碩士學位，但沒有其他技能可供

51　譯註：考山路位於曼谷昭披耶河畔的舊城區，距離大皇宮和玉佛寺等重要歷史建築群很近。雖然這條路成為國際背包旅客的重要中繼站，非常熱鬧，不過整體而言舊城區已不再被視為曼谷的核心。特別是在旅居曼谷的外僑眼中，舊城區往東以素坤逸為中心的地帶才是商貿發達的核心區。

立即轉用的外國僑民而言，這是個完美的工作。

接下來幾個月，我在那裡教書。雖然基本上我的工作和生活方式跟我在波士頓那種朝九晚五的日子差不多，不過曼谷的生活終究多了種興奮感。波士頓令人覺得一成不變、缺乏新意，相較之下，曼谷絕不會無聊。這個城市充滿國際氣息，各種活動變化萬千，而且還有無數僑民和觀光客來來去去，我在這種持續不斷的流動和所有事物的新鮮感中找到良藥，讓我不至於掉進陳腐僵化的生活規律中。我過的生活其實相當理想，成功結合了到曼谷學泰語的頭幾個星期那種「上學規律」，以及前一年我在阿姆斯特丹和麗貝島發展出來的那種朋友成群的「課外生活規律」。

下班以後，我會到外僑喜歡造訪的「佛心查理」，認識來自世界各地的新朋友。佛心查理位於市區一條大馬路旁邊，是一間複合式露天酒吧，建築用竹子打造而成，並以形形色色的陽具造型飾物、怪異玩具、外僑顧客的名片點綴，正面擺設了一些桌子。夜裡，我們會把人行道擠得水洩不通，老闆娘則會絕望無助地設法管制越來越多的人流。酒吧最後快要塞爆時，我們幾個會快快閃人，在雜亂無章的街道和變化萬千的城市地景中尋找一些鮮有人知的刺激地方，彷彿在撰寫屬於我們的泰版《項塔蘭》[52]。

每逢週末，我們會奔向一些大型夜店。在曼谷，可以跳舞狂歡的夜店是本地人、外國僑民和觀光客會混在一起的少數地方之一。某天晚上，在一間名叫「睡床」（Bed）的夜店，我邂逅了賈思婷。她是一名為《國家報》（*The Nation*）服務的記者。賈思婷是半個華人，在加拿大出生，在泰國長大。她有雪白的膚色和一頭俐落的短髮，渾身流露聰慧和自信。她沉穩莊重的個性彷彿重力，對所有人產生強大拉力。我也不例外，無法控制地繞著她轉，彷彿月球被捲進某個行星的運行軌道。

我們聊了一整晚的書、政治和新聞媒體，她對各種不同題材展現的淵博知識令我為之傾倒。一旦被吸入這樣一個女人的運行軌道，我不會打算掙脫。

「我想跟賈思婷約會，」幾天後的一個晚上，我在佛心查理對琳達說。

「你別負面解讀我的意思，可是她跟你屬於不同菜系。」

「為什麼？妳覺得我不是好對象嗎？」

「這個嘛，她超有品味、超講究的，很喜歡精緻的好東西。她不是會跟你一起背大背包走在考山路上那種人。總之我覺得你不適合她。」

52 譯註：《項塔蘭》（*Shantaram*）是澳洲罪犯、作家葛雷哥里．羅伯茲（Gregory David Roberts）所著的小說。羅伯茲曾犯下二十多宗銀行搶案，且吸毒成癮，後來被捕並判十九年徒刑，一九七八年入獄。一九八〇年他逃獄成功，流亡印度，一九九一年又在德國被捕，再次入獄。一九九七年完成小說《項塔蘭》，以半自傳方式描述一名白人流亡在印度孟買底層社會高潮迭起的經歷。「項塔蘭」在印度語中意為「神的和平者」。

在美國，我早就習慣別人在我身上擺框架，告訴我這個我行、那個我不行。連在路上旅途以後，我都曾經必須對抗這種內心的自我懷疑，可是旅行至今，還沒碰過任何人這麼直白地點破我。也許這就是跟旅人相處和跟外國僑民相處的差別，不過我沒法確定。

我可以確定的一點是，我不會讓琳達對我的評價決定我的自我感覺或我的具體打算。我要證明她錯了！接下來的事倒讓我自己感到驚訝，驚訝的不是自己有要求賈思婷跟我約會的膽量，而是我居然會想到要跟她約會。這顯然是非游牧客才會做的事。當你背著大背包環遊世界、住在各地的青年旅館時，你不會跟別人約會談戀愛。你只會出去玩樂、結交朋友。約會是你決定在一個地方待一段時間以後才會做的事——這是身為旅外僑民才會有的行為。

那星期稍後，我剛好在一個社交場合碰到賈思婷，於是決定約她一起吃晚餐。她答應了。我在曼谷訂了一家相當高級的餐廳。我不記得自己那天穿了什麼，不過永遠忘不了她出現的時候身上那套黑色洋裝和唇上的豔麗口紅。她看起來美極了。享用晚餐的過程中，我們忘情交談——無所不談。琳達說的沒錯，賈思婷的確流露出考究的氣質。她很聰明，受過很好的教育，對事情有強烈的見解，同時跟我有很多相同的興趣。

夜晚結束時，我們互相親吻，然後她坐進一輛計程車。

「給我電話，」她拋下這句話以後就消失在夜色中。

這才是在我的想像中世上應該存在的成人生活。刺激的事物、有趣的人、多采多姿的活動、絕無僅有的浪漫情緣。這才是我想要的。

賈思婷是我打進泰國生活的門徑，讓我見識展覽開幕活動、時髦餐廳、泰國各地的美食、內行人才知道的酒吧和夜店。這一切都是我當背包客時不可能經歷的，她引領我認識真正的泰國，並且成為我的「罪惡夥伴」。

不過，二〇〇七年逐漸邁向尾聲時，我的工作量開始減少。語言學校規模擴大，但業務沒有依比例增加，導致教師太多、工作太少。我的時數持續縮水，我這雙旅人的腳隨之開始發癢。當初我計畫在曼谷停留一個月，轉眼間已經待了八個月。沒有了良好的收入來源，我難以定錨在曼谷的日常生活節奏中，心思再度往旅行的道路游移。雖然我到這時為止幾乎完全拋棄了原定計畫，不過按照先前的規劃，我應該趕在耶誕節以前前往澳洲。距離耶誕節還有三四個星期，不過那邊幾乎已經是夏天了，所以不如現在就直奔南半球。

某天晚上參加派對時，我把消息告訴賈斯婷：我會比原本的計畫提早三星期前往澳洲。她難以接受這件事。她覺得我沒跟她商量就做了這個決定（她這麼說不是沒道理），於是大發雷霆。那是我們第一次也是唯一一次吵架。我的旅程現在成為真實，不再是「未來的某件事」，我想這點終於讓她崩潰了。這陣子她已經開始討論我們之間的未來，但沒考慮到一個事實：我從第一天開始就把我的旅行計畫告訴她了。我只是把雙方衝突的時間點快速拉近了而已。

在外僑生活的舒適性與社交圈，以及游牧旅人騷動不安、冒險闖蕩的心靈之間，這種拉扯永遠存在。兩者就像是位於隱沒帶的不同板塊，在某段時間中安靜共存，但雙方相互施加的壓力最終會導致位移，一個板塊被另一個板塊往下擠壓，在壓力爆發的中心區造成嚴重破壞。

我內心的旅人回來了，繼續前行的時候也到了，兩種張力再也不能和平共存。我知道這個日子終究會來到。基於這個原因，我一直設法避免自己太投入這份戀情。我只是努力把握每一天的緣分。但賈思婷是在這個城市定居的長期居民，她追尋的是長期性的關係，對她而言，我根深柢固的游牧旅人性情毀掉了我們之間的關係，因為連她都知道，天性是無法改變的。

我是個游牧旅人，追根究柢，所有游牧旅人都需要繼續前行。

帶著百感交集的心情，我離開了曼谷。

二〇〇五年第一次造訪時，我很不喜歡這個城市。作為一個旅遊城市，我仍然認為曼谷很糟糕。能看的東西、能做的事不多，要到哪裡都很麻煩，汙染嚴重。它不像巴黎或紐約那樣，提供旅行者無止無盡的有趣活動。

身為一名觀光客，我把我對這個城市的有限觀感視為教理：除了我所看到的以外，這個地方不可能有其他東西。我走過大街小巷，參觀過各個景點，我遇見了一些人。我已經**見識**過這個城市了。如果它是個糟糕的旅遊城市，它肯定就只是個糟糕的城市。

這是旅行的人常犯的毛病。我們路過一些地方，做了一些表面上的觀察，有了一些籠統想法，卻以為自己是學識淵博的學者專家。

我們根據自己與當地人之間的有限互動、在那裡碰到的天氣，或某個我們被迫忍受的小小不幸，作出全盤性的評斷。我們看到一張當地生活寫真，就從那個畫面創造出一整部歷史。

在旅途上，我們經常聽到別人說這種話：「法國人很沒禮貌」；「我去過那個城市，那裡很無聊，沒什麼事做」。可是，一整個國家的人都沒禮貌，這有可能嗎？也許那是因為身為觀光客的他們做了什麼事，引起對方不禮貌的回應？也許他們自己是無聊的人，也沒有真正去發現那個城市？也許他們只是錯過了有趣的事物？

有一百萬個因素可以用來把某個地方捧上天，或把它打入地獄。我以前不喜歡洛杉磯，直到我真的認識了那個地方。我以遊客身分去到那裡時，覺得交通非常不方便，而且好像沒有很多好玩的事可做。可是走看多了以後，我漸漸意識到能做的事其實很多。我發現洛杉磯不是只有一個，而是有**七個**。每一個洛杉磯都有自己的獨特性格。問題只是洛杉磯沒有太多**提供給遊客**的東西。

在曼谷的生活讓我得到一套類似的教訓，我根據有限經驗作出全盤性的評斷。我用自己透過個人視野的小小窺視孔所能看到的些許元素，描繪出整個城市的圖像。我對一個城市毫無概念，卻斷定自己不喜歡它。

可是，在某個城市短暫停留幾天，並無法讓你知道多少那個地方的人事物。這點現在已經不言自明了。

曼谷或許是全世界最糟糕的旅遊城市，但它是個不可思議的生活城市。這個本來我不喜歡的城市，此後卻將令我魂牽夢繫。我已經深深愛上了曼谷。

在世界各地生活的經驗——首先在阿姆斯特丹，然後在曼谷，還有之後的台北和斯德哥爾摩——讓我學到，如果把腳步放慢，就能看得更多。只有這樣，一個地方才會把它的秘密展露給你。放慢腳步旅行也會讓我們更認識自己。

我搬到曼谷時，在當地一個人也不認識，前幾個星期我都是自己一個人在電腦前面度過。然而，拜運氣之賜，托澤爾斯的福，我交了朋友，找到工作，學了泰語，有了女友，建立了人脈。我順利處理了銀行、租金、帳單之類的事務，有效掌握了一個我不了解的文化。

曼谷讓我知道我可以獨立自主，凡事靠自己。它使我明白我可以拋去我身上那個曾經害羞、緊張、缺乏安全感的青年。在曼谷，我活出我在心中勾勒的人生，因為這一次，我不再只是背著塞滿行李的大背包，用那些我從家鄉帶出來的行頭過日子。我安定了下來。我沒讓過去的事牽制我。我很單純地成為我想要的自己。我發現自己可以從本地人的角度喜歡一個地方，儘管我以觀光客的身分造訪時曾經不喜歡它。在一些柳暗花明的好去處和別有洞天的神秘場所——普通觀光客根本不會想到要去的地方——我可以逍遙自在。在地球遙遠的另一邊，我有了家的感覺。

曼谷教我要放慢腳步——這是一個我喜歡跟其他旅人分享的功課。你不需要在一個地方正式定居，也可以學到一些與它有關且意義深長的東西；不過你還是需要花上比飲酒作樂幾天更多的時間。曼谷讓我學到，第一印象不一定正確，所有地方都值得得到第二個機會。

最重要的是，我的經驗向我表明，如果我能在曼谷展開新生活，那麼我在任何地方都能辦到這件事。

第八章
旅行與愛情

人之所以旅行，最初是為了迷失自己；人之所以旅行，其次是為了找到自己。我們藉由旅行開展心胸和視野，學習比報紙所能容納的更多關於世界的大小事。我們藉由旅行，帶著自己的無知與智識，盡一己之力為世界上那些財富以不同方式分布的地區做出小小貢獻。就本質而言，我們藉由旅行，重新成為年輕的傻瓜——讓時間變慢，任由自己吃虧，然後再一次，戀愛。

——皮科・艾爾[53]（Pico Iyer）

53 譯註：皮科・艾爾（Pico Iyer）是出生於英國的作家，以旅行書寫聞名，一九八六年開始為許多報章媒體撰文，包括《時代》（*Time*）、《哈潑》（*Harper's*）、《紐約書評》（*The New York Review of Books*）、《紐約時報》等。因常年居住在加州和日本，因此經常以跨文化題材創作。

我願意離開曼谷，儘管這樣做會犧牲我跟賈思婷正在萌芽的戀情，因為在迫不得已必須抉擇的時候，我最大的堅持仍然是游牧旅人的生活。在某個地方暫時落地生根不成問題，可是我沒有永遠把根扎深的意願。

在接下來好幾年之中，這個模式會多次重複。

二〇一一年初，我旅行到巴拿馬市，跟一個芬蘭女孩同住一間青旅宿舍房。她叫海蒂，二十六歲，擁有典型的北歐五官，對世界懷抱一種無憂無慮的人生態度。她夏天當餐廳服務生，冬天旅行。她很聰明，超喜歡冷嘲熱諷，而且很知道怎麼用開玩笑的方式激我。

她在很多方面跟我完全相反：她反對科技，沒有相機，沒有臉書帳號，每星期只上網查郵件一次。所以我們自然而然立刻就覺得非常投合。

「科技只會造成負擔，」她這樣解釋。「我想用從前的人習慣溝通的方式來探索世界，用一種心無旁騖的專注。我不想把整個旅行的時間耗在電腦螢幕前面，人不應該用那種方式旅行。」這番話挑戰了過去三年來我所成為的模樣。

我們開始聊去哥倫比亞旅行的事。海蒂碰到一對夫妻，他們可以讓她搭他們的船前往哥倫比亞，沿途會經過聖布拉斯群島[54]。她邀我加入他們（其實主要是要我陪她）。據說聖布拉斯群島是個不受文明汙染的遙遠熱帶天堂，擁有白色沙灘、晶透澄藍的海水，處處椰影婆娑，清幽而美麗。我喜歡跟海蒂一起航行到哥倫比亞的想法。這聽起來像個浪漫的童話故事，我們這兩個碰巧在某個國家相遇的旅人竟然就要展開一段最後一刻鐘才決定的航向熱帶天堂之旅。

我凝視那雙藍色眼眸，感覺它們能讀懂我的心思，超過我能懂它們。我順著我的直覺答道：

「好，我去！」

我們搭乘巴士前往北岸港都波多貝羅（Portobello），海蒂的朋友正在那裡準備啟航的事。在波多貝羅，除了逛逛幾間商店、一個市民廣場和一座老碉堡，能做的事大概就只有把船開進加勒比海了。從這裡往西走是中美洲其他國家，往東則是哥倫比亞。如果你出現在波多貝羅，你大概正在前往那兩個地區之一的路上。

54 譯註：聖布拉斯群島（San Blas Islands）位於巴拿馬北側的加勒比海。

不過，預定啟航那天，我竟想打退堂鼓。不是因為要航海，不是因為海蒂，也不是因為哥倫比亞，而是因為我害怕不能上網。

我不像海蒂，無法二話不說就脫離科技和網路。

在旅途上那些年，我學到不少平價旅行的技巧，遇到無數與我擁有相同興趣的人。我也知道世界上有成千上萬的人（也許有好幾百萬？）很想做我正在做的事，只是還沒想到要怎麼踏出第一步。

二〇〇八年回美國時，我想找出運用我的旅行經驗成為旅行作家的最好方式。如果事情成了，我就能見識世界各地的一切。我會探索未知國度，然後在自己的國家做報導。我會分享旅宿、在地文化、火車、巴士、飛機航班、旅遊陷阱等方面的第一手經驗，並提供相關看法。我要當個旅行作家，這個工作可以讓我不斷旅行。雖然我對當作家這回事毫無概念，但感覺起來那是種富於冒險的夢幻工作，能讓我實現小時候被印第安納瓊斯激發出來的所有幻想。

旅行世界，並以此賺錢。

這成了我的夢想。

二〇〇八年時，這意味著做一件事：成立部落格。起初我把我的網站想成比較像是某種線上履歷。我希望我的網站成為各路編輯瀏覽的園地，讓他們看到我的文字，然後說：「太好了，我們要聘用這傢伙！」——接著他們就會把我派到世界各地。

諷刺的是，讓這個夢想成為真實的道路，竟然必須以我千方百計不要回來的地方——我的國家——作為起點。

離開曼谷以後，我南下澳洲的行程只能算是中途休息。現在，在泰國的外僑生活已經結束兩個月，我蹲在一個感覺起來更陌生的地方——我成長的家鄉——準備開展旅行作家的生涯。我註冊了NomadicMatt.com這個名稱，正襟危坐地建立網路，然後發現我根本不知道自己在做什麼。

最初幾個星期可說是一場混戰。後來，我在越南認識的一對做網頁設計的夫妻幫忙我，我才學到超文本標記語言html、伺服器的相關知識、網頁設計，以及如何在網路上有效與人互動。有時連最簡單的事情——比方說在我的網站上發布影像集——都讓我覺得自己彷彿是入侵國安局資料庫的駭客。

幾個月的時間過去，我在網站經營的技術層面已經比較得心應手，逐漸可以花更多時間寫文章談我做過的旅行、提供關於旅行的建議，還有針對政治議題和旅行主題發表評論。一開始這是相當繁瑣而且沒有實質回報的工作，我的讀者主要大概是我的父母，而他們進來刷新頁面只是為了多知道一些關於我的事。不過，隨著朋友把我的部落格連結分享出去，而我又陸續找到新的書寫主題，我逐漸建立起真正的讀者群。

除此之外，建立網站也讓這些我不在旅途上的日子有了目標。固然我回到了家鄉，我並沒有背棄原來的夢想。走上作家這條路等於只是按了暫停鍵，讓我給自己足夠的時間和空間，實現我心中最理想的美夢——一輩子旅行世界。

當然，這一切花了不少時間，不過到了二〇〇九年底，所有事情已經朝著正確方向發展。在紐西蘭的時候，我休息了一陣子。我偶然看到《紐約時報》平價旅行專欄「省錢旅行家」（Frugal Traveler）的作者貼出一則推文，他想知道有沒有部落客願意分享自己的賺錢方法。

「我願意！我很樂意分享，」我回了他的推文。幾個訊息來回以後，他答應採訪我。這時我人在紐西蘭的一個小鎮，我參加的旅遊團正在吃午餐。我走到外面，接了一通電話，然後我的部落格有了截然不同的命運。

幾個星期過去，某天我醒來時，忽然發現一堆簡訊和郵件，通知我說我的網站當掉了。我還神智不清，昏頭昏腦地試著重新載入網頁，可是完全沒用。後來我才知道，我晚上睡覺的時候，《紐約時報》終於刊登了我的個人資料，結果我的網站流量過高，造成當機。一整天連續不斷地當機。

可是，現在我的網站被標示在地圖上了。我成了電台和平面媒體的常客，接受採訪分享旅遊業和平價旅遊方面的經驗和看法。我到處演講，寫文章，採訪一些規模更大的網站和部落格。我的父母終於有面子了——哇，我們的兒子不是居無定所的魯蛇，他很有名！

有人找他工作了！

有了這些工作以後，我的旅行方式很快就發生了變化。當然，我不必再因為不知道下一階段旅程的費用從哪裡來而焦慮，不過一種不同的焦慮取代了那種不確定：源自責任的焦慮。過去的我是個無憂無慮的旅人，沒有義務的牽絆，只有完全的自由。我可以做自己想做的事。現在我有部落格要寫，有郵件要回，必須增加網站內容、編輯影像、進行採訪。我喜歡我的工作，也很慶幸自己在哪裡都能工作，不過隨之而來的是各種責任和一個又一個完成期限。

我不再只是尋覓美麗的海灘和好玩的酒吧，我也必須找到可靠的無線網路和有USB連接埠的插座。很快地，我的旅行量就隨著工作量增加而遞減。日以繼夜，我發現自己的心思都在部落格上，不斷想著如何維持能讓自己感覺成功所需的讀者流量。我發現我跟當下越來越脫節，我再也不能心血來潮就出發旅行。當青旅中所有其他人都在分享故事、結交新朋友時，我是那個躲在角落用電腦的人。就連我大老遠跑到某個地方觀光的時候，我還是那樣一個人！現在的我不是「哇，這座廟真令人讚嘆！看看那個雕塑上的細節！這是我吃過最好吃的麵！」現在的我是「哇，這座廟可以讓我寫一篇很棒的部落格文章。趁現在光線還不錯，我得趕快拍照片讓讀者看到這個雕塑。我得好好記住這碗麵的味道，這樣以後才能寫文章介紹。」我變成貨真價實的旅行作家，但卻犧牲了游牧旅人的生活。

我不知不覺地把自己放進真正的「工作」軌道。可是工作是我最不想要的東西，這是我決定離開曼谷的唯一原因。但現在，我卻走上了這條路。每間青旅的床鋪都變成工作隔間，每頓晚餐都像出任務蒐集資料。更糟的是，這些工作習慣開始糟蹋一些我很珍惜的情誼。

我竭力設法在旅外工作和當一個忠於自己根源的旅人這兩件事之間找到平衡，在這個過程中，海蒂迫使我做出抉擇，並且讓我明白這兩股拉力不可能共存。

想到即將展開的海上旅行，我的心裡閃過各種最糟的情況。萬一有什麼問題，那可怎麼辦？到時我們人在外海，我完全沒辦法處理。萬一我錯過訪談邀約？錯過合作提案？讀者有急事找我？萬一，萬一，萬一！

經營**線**上業務但卻無法上線，這會讓我渾身不對勁。不要誤解我的意思，我深深希望能跟海蒂一起旅行；旅行是我當初決定成立部落格的理由，因為這樣我才能一直出發上路，我才能不斷見識新的事物，不斷建立深刻的連繫。

然而，這個本來應該讓我享有自由和彈性的工作卻不知不覺地把我束縛在某種虛擬辦公桌前，而且讓我害怕一旦脫離束縛，一切都可能變得充滿不確定。總之我就是還沒準備好——或者該說還沒有本事——大聲說「管它的！」這種狀況困擾我的程度可能多過困擾海蒂，不過應該相去不遠。

「這就是為什麼我旅行的時候不會把電子產品或工作帶在身上，」我跟海蒂說我不打算上船時，她這樣告訴我。「旅行的重點就是放下。」

「我知道，可是我還沒這麼做過。我還不曾放下我的網站超過一天。」

「喔，可是你認為會發生什麼事呢？」

「我也不知道，」我說。「萬一斷線怎麼辦？」

「誰在乎？它自己會重新連線。如果你不好好體驗一些事情，你怎麼有辦法寫文章說那些事？」

「我有體驗啊！我們一起體驗過很多事。」

「我不是指字面上的意思，」她拋了個銳利的眼神給我。「我要說的是，你剛開始旅行的時候，是身體和心靈百分之百投入，對吧？可是如果你老是坐在電腦前面，你不可能那樣投入。如果你一直掛在臉書上，你不可能那樣投入。如果你為了拍出完美的夕陽照片，折騰了二十分鐘，你也不可能那樣投入。那樣感覺起來實在很糟蹋。」

她說的完全對，我讓工作控制了我。她看透了我的所有藉口、所有擔憂。我深怕失去她的尊敬——甚至連她的人也失去——於是我告訴她我會把一些事情處理掉，然後在哥倫比亞跟她見面。我仍然無法完全順著她的意思，無法兌現我原先對她做的全部承諾，不過我覺得這樣算是合情合理的妥協了。

「你們七天以後會到那邊，沒錯吧？到了以後寫郵件給我，我會立馬飛去找妳。這樣一來，」我繼續說，「等我們見到面的時候，我就可以不理網路，我們可以按照我們打算的方式，好好體驗哥倫比亞。」

「好啊，就這麼做。」她回道。我感覺得出她語氣中的懷疑。

「一星期後見，」我說，然後我跟她吻別。

我再也沒有她的消息。一星期過去，一個也搭了那艘船的朋友告訴我他們平安抵達了。我知道她順利去到了哥倫比亞，可是我發給她的郵件都石沉大海。我繼續待在巴拿馬那段時間每天都會查郵件，心中盼望有一天我會接到她的消息，可是她再也沒給我回音。

海蒂消失了。

我可以理解她為什麼神隱。我畢竟是個凡夫俗子，寧願放棄跟一個喜歡我的漂亮女孩一起航行到哥倫比亞的機會，也要選擇工作和科技。我想我們是本質上截然不同的兩個個體，而她想找的可能是性格比較無憂無慮的人。

我真希望我能說那是一記警鐘，不過並非如此；感覺上反而比較像是自己賞了自己一記耳光。

我之所以一次次踏上旅途，是因為我想要好好生活，而不是一直工作。可是，隨著我的部落格人氣起飛，我發現過去那些如何平衡工作與生活的問題又死灰復燃。沒去觀光的時候，我都在工作。雖然這樣並沒減損旅行帶給我的樂趣，不過我的旅行確實不再那麼無憂無慮。我再也無法忽然登上一艘帆船航向哥倫比亞，或到泰國的某個幽靜島嶼逍遙度日。

而因為我沒有能力拔除網路連接，我失去了跟一個我確實喜歡的女人享受美好時光的機會。

最糟的是，我忘了我自己學到的一個重要功課，一個我在這本書裡談過、也試著透過部落格讓讀者了解的功課：你的計畫由你來掌控，別讓你的計畫掌控你。

我成立部落格是為了資助我的旅行——為了讓我待在旅途上的時間比出發時預期的更長久。但是慢慢地，我忘記自己**為什麼**當部落客；我發現經營部落格本身已經變成一種目的。很諷刺的是，我為了獲得旅行經費而建立的部落格讓我付出了代價，我因此失去了真正的旅行應該能帶來的那種機緣。

因為我沒學好怎麼順其自然地隨風而行。

因為我讓自己被計畫綁住。

我很久以前就學到，人要放下，任憑旅行把你帶向任何它想帶你去的地方。然後，旅行獻給我一個很好的選項：跟某個很棒的人做些很棒的事。可是我卻抗拒了，旅行就這樣又給我好好上了一課。

我得到的教訓是，旅行的真義在於抓住各種機會——特別是那些讓你能擺脫計畫的機會。意識到海蒂不再寫郵件給我的事實以後，我下定決心永遠不能再忘記自己開始旅行的初衷——追尋自由與冒險。海蒂體現了我在旅行這件事上熱愛的一切，以及最初促使我試著踏上旅途的因素；她是個主動讓自己跟現代生活脫鉤的女孩，懂得如何讓旅行主導她的計畫。但我卻讓計畫主導了我的旅行——我發誓不要再犯這個錯誤。

我相信冥冥之中，海蒂一定認同這點。

旅行時跟人發生戀情不是難事。在旅行這個火候強烈的熔爐中，戀情很快就會萌生。

旅人敞開自我，接受新的體驗，這種心態同樣也會幫助你打開心門，接納新的人。旅行本身就是浪漫的；它充滿熱情、害怕與危險，是這一切的加總，因此，旅行激發戀情，這不是什麼令人驚訝的事。在旅途上的時候，我們經常展現出最好的自己，或者至少可以說是自己最令人興奮的部分。在人生中的一段短暫時間，我們彷彿徵友啟事中的人物現身，洋溢好奇心和冒險精神，充滿新穎的想法和各種刺激的計畫。**任何人**在出發探索一個嶄新城市時，看起來都比每個星期上班到第三天或第四天時的樣子要性感。

旅行也會加速戀情發生的過程。短短幾天內，你可以追求對象、墜入情網，然後分開。從這個角度來看，旅行狀態近乎弔詭地包含了恆常存在的獨身性質。當你總是在旅途上移動，在某個地方待的時間永遠不足以讓你跟住在當地的人建立長久的情誼，想要打造長期性的人際關係有很高的難度。如果你跟另一名旅人約會交往，某個時候你（或對方）終究會必須再度上路。他走他的陽關道，你過你的獨木橋，你們的戀情就此畫下句號。

二〇〇六年某天，我正在柬埔寨的一間青旅中跟幾個其他背包客聊天，這時一群瑞典女生在我們旁邊坐了下來。其中一個女生吸引了我的目光——或者比較確切地說，是我吸引了她的目光。後來大家一塊出門玩時，她和我大都在單獨談話。我們的交流維持了四個月，橫跨三個國家。一直到我們去到泰國以後，因為她得搭機返回斯德哥爾摩，而我決定留在曼谷，我們才互道珍重。

隔年，在澳洲烏魯魯[55]的遊覽行程中，我向一個德國女生攀談。她在接下來兩個月間成為我的旅行夥伴。在布里斯本時，我住在她租住的地方，第二年我們又在阿姆斯特丹見了面。我們很享受對方的陪伴。不過幾個月以後，我們在某方面明白我們對人生的要求並不一樣，於是我們也分道揚鑣。

還有二〇〇九年初我旅居台灣期間交往的奧地利女生。我的簽證效期結束那陣子，她搬回了維也納，我們的關係開始變得藕斷絲連。幾個月後我到維也納看她，可是顯而易見的痛苦事實浮上檯面：她不想離開維也納，而我沒準備要停止旅行。她在自家生活，但我不是；我們離開旅行的情境重新相處，結果發現當初的火花已經熄滅。

這種模式在旅途上反覆發生。我管這種交往關係叫「中繼站式旅行戀情」。沒有「人生規劃」這玩意的介入，這種戀情跟旅行時的友情一樣，很快就會出現變動。你不會思考明天的事，不會去想對方的過去。你們只是在享受對方的陪伴，直到該到的時刻到來為止。那可能是在東南亞的四個月，或者在澳洲東岸中部的幾個星期，也可能只是在阿姆斯特丹共度的短短七天。

中繼站式的戀情讓旅人有機會與別人進行情感面的接觸，但不像一般的交往那樣不時出現糾纏不清的紛擾。這種戀情有清楚標示的開始和結束日期，也不至於有難看的分手場面。由於這種交往關係傾向於以友好方式告終，雙方後來常常還是能當朋友。我至今跟一些旅途上交往過的女生仍然保持連絡。我們一同度過了一些非常特別的時光，然後我們各自繼續自己的人生。心裡沒有留下疙瘩。在中繼站式戀情中，後勤面的實務因素——計畫路線、客運班次、飛機時刻、簽證效期這種種現實細節——會適時介入。真正把這種戀情帶到終點的，是兩人之間不言自明的一份默契：你們對旅行的堅持強過相互間的許諾。這並不是問題；想要釀製不幸福的長期關係，沒有什麼材料比在雙方完全準備好以前就定下來更完美。旅途上的戀情之所以美好，是因為每個人都有同樣一套優先順序。儘管那套順序無法讓長期愛情成為可能，它卻讓人更誠實坦然地面對自己真正追尋的東西。

在我的成長過程中，我以為如果雙方從一開始就知道關係只是暫時維持而已，那是不太對的事。即便現在的大學生和二三十歲年輕人很能認同時下勾勾搭搭的交友文化，一般美國人仍然內化了一種深具清教徒色彩的目標導向觀念。美國非常擅長為我們的大腦灌輸這個訊息：交友的終極目的是找到能相守一生的人，然後不再勾搭別人，開始安定下來。分手歸根究柢仍舊意味著某個東西損壞了；關係結束代表一種失敗。我花了相當長的時間

55 譯註：烏魯魯（Uluru），過去常稱為艾爾斯岩（Ayers Rock），是澳洲中部烏魯魯—卡塔丘塔國家公園內的一個孤山狀大型砂岩岩層，從平坦的地面突出近三百五十公尺，周長九點四公里。距離烏魯魯最近的城鎮是三百多公里以北的愛麗絲泉。烏魯魯是澳洲原住民阿南古人的聖地，已被列為世界遺產。

才擺脫這種心態，學會在雙方都知道只會短暫存在的戀情中看到曇花一現的美麗。無常也可以充盈著美感。

我花了很多時間才學到這個功課，並學會辨別什麼東西瞬間即逝，什麼可以穩紮穩打。

在佛羅倫斯時，某天我坐在青年旅館的寬敞中庭，跟彼德一同暢飲價格低廉但甚為爽口的葡萄酒。我注意到中庭另一邊有個美麗的女孩，後來她也注意到我。她的名字是安娜。她跟另外七個人（兩個女生和五個男生）坐在一起，這群人包括她在內都來自西班牙瓦倫西亞，剛從大學畢業。這時他們正準備去夜店玩。

我跟我的朋友走到他們那桌，用西班牙文向他們自我介紹。他們用英文回了一句：「要不要一起去玩？」顯然他們的英文好過我的破西班牙文。

「好啊，」我們說。

夜店就在同一條街的另一頭，在往那裡走的路上，我利用浩室音樂（house music）淹沒眾人說話聲以前的有限時間，竭盡所能地對安娜示好。她對我微微一笑，用西班牙文說了句話，然後回到她的朋友那邊，跟他們一起走進夜店。

不過進去以後，安娜對我變得比較熱絡。隨著夜晚往前推移，她的話開始變多，她的肢體語言也有了不同。夜生活結束，我們回到青旅，在廚房搜刮了一些零食，拿到中庭當宵夜吃。我們繼續聊天，然後開始親吻。

「你的房間在哪裡？」她暫時挪開雙唇問道。「我跟那群朋友同住一間，我們到你的房間好了。」

我的宿舍房裡大部分床位都空著，而另一頭那兩個男生正在大聲打呼，我想他們沒發現我們進來。早上，安娜走了以後，我對他們說我很不好意思「那麼晚才醉醺醺地回來」，他們聽了只是聳聳肩。旅行的時候就是這麼一回事。而要是我有先見之明的話，這個故事其實應該到此為止。

那天稍後，安娜、她那群朋友和我一起遊覽佛羅倫斯。我們信步走到老橋（Ponte Vecchio），這是佛羅倫斯舉世聞名的地標，橋身有屋頂遮蔽，橋上行人雜沓，兩旁是各式各樣的店鋪，彷彿懸掛在阿諾河上空，顯得相當驚險。我不禁讚嘆這一切如何能在六七百年間維持不墜。

由於旅費有限，我們只能在街頭晃遊看人，偶爾才撒些錢吃冰淇淋犒賞自己。我們觀賞穿搭時尚的義大利人騎摩托車經過，還有一團團遊客目瞪口呆地欣賞景點。我們漫步到米開朗基羅廣場，在那裡鳥瞰紅瓦屋頂交織而成的城市美景。

我跟安娜聊多了以後，她對我的興趣反而降低。這是很經典的情況，而由於旅途中每天會接觸到那麼多新面孔，促使你斟酌比較你擁有的各種選項，這種情況自然會加劇。也就是說，如果我對她那麼有興趣，這顯然表示她可以找到更好的人。追根究柢，某個人越是想要你，你就越是不想要他。這樣的經驗在我內心呼喚出一堆往昔的不安全感。我做錯了什麼？我是不是讓對方覺得太飢渴？我是不是把酒後亂性當成浪漫愛情？

內心深處的我知道自己不會再跟安娜見面，但這仍然令我感到心痛。值得慶幸的是，如果我們在這種情境中經常受傷，這代表我們正在學習某個重要的功課。我學習如何不要把旅途上的戀情看得太重，不要把它放大到超過當下那個時刻你應得的份。曇花一現不是問題，懂得放下也是好事；不要千方百計想消除所有事物的使用期限。在轉瞬即逝的時間中，我吸引了一位異國佳人的目光；短短一天一夜，我經歷了戀愛、肉慾和被拋棄的痛苦。

這樣說並不表示旅途上的戀情不能開花結果，但前提是**其中一個人**必須改變他的人生方向，藉此讓兩人關係成為真實。某個人必須說：「好，我搬去你那裡」或「好，我跟你去那個國家」。某個人必須離開方向盤、放下地圖，或者至少要願意共用。而既然旅行的整個重點在於決定去哪裡和何時出發的自由，會願意那麼做的人並不多。

我見過一些愛侶，他們在旅途上相戀，一起旅行，然後在其中一方同意長期遷居以後安定下來。或者他們找到一個雙方都不想離開的新城市，在那裡一起展開新生活。人在旅行計畫短暫重疊的日子裡相聚，可是如果大家都按照原定路線走，交會的旅程終究又會分岔。

我的情況通常就是這樣。命運原本可能讓兩條航道匯聚，但羅盤卻不斷驅使我駛離。旅行是我唯一的愛。面臨抉擇之際，我總是挑選繼續旅行，以及旅途上等待著我的冒險和刺激。這是我跟賈思婷分手的原因，這也是為什麼我知道自己在維也納或澳洲不會有未來。

不過，跟海蒂的關係告吹好幾個月以後，我在二〇一一年底邂逅莎曼沙時，終於開始接受一個事實：旅途之戀轉瞬即逝的特質對我而言的確已經變得太過曇花一現。我想要感受一種更深刻、更長遠的東西。

「我們打算去喝幾杯，要不要一起來？」我這樣回了莎曼沙的訊息。她正在跟她的朋友琪拉在東南亞旅行。她們跟我一樣，也經營旅行部落格。當她們注意到我在曼谷時，她們給我寫了郵件，問我要不要見面。

「到考山路跟我們碰頭吧！」我提議。

「好喔，我們到那裡跟你們碰面，」她這樣回。

考山路上有很多用碎冰桶裝成打啤酒便宜賣的酒吧，我跟幾個部落格網友約在其中一家見面。過去這三年來，我的新朋友大都來自部落格社群。在泰國、佛羅倫斯或澳洲內陸跟網友第一次碰面，結果一見如故，彷彿已經認識幾個月甚至好幾年，這種情況一開始讓我覺得很奇怪，不過在網路發達的世界中，這已經變成旅行的特質，所以我逐漸習以為常。

莎曼沙和琪拉在我和其他網友抵達酒吧後大約半小時翩然來到。莎曼沙身材不高，擁有一雙美麗的藍色眼眸和燦爛的笑容。她來自奧勒岡州，個性和善、逗趣而合群。一行人一直聊到夜深才慢慢解散，最後剩下我們兩個還在酒吧。

第二天早上，我們這群朋友見面討論接下來要到象島的事，莎曼沙又來跟我們會合。象島是距離泰國海岸不遠的一個島嶼，我還沒過去過，不過回想起二〇〇五年那群背包客是如何盛讚那個地方簡直像人間天堂，我終於決定一定要去看一看。莎曼沙在旁聽得很專心，然後跟著我們一起出去喝酒、觀光。琪拉的男友這時也在曼谷，而她這陣子正在跟琪拉鬧彆扭，所以她有很多閒時間做自己想做的事。她提到這件事時，我很明顯覺得她們兩個人的旅行風格差異頗大，而且她當電燈泡也差不多膩了，於是我邀請她跟我們一塊去象島。

「來吧，一定很好玩，」我告訴她。「我們只是去幾天。這是讓妳紓解壓力的好辦法，有時候人就是需要出走一段時間。」

「我考慮看看，」她說。

幾個小時以後，她打電話給我。「好！我加入，我會去！」

莎曼沙是個美麗、聰明而且富於冒險精神的女孩。我在她身上看到我一直盼望的那種旅行夥伴。莎曼沙懂得隨風而行，而且有認識新朋友的動力。我們同住一間小屋，大家一起到海灘玩，一起浮潛。在歡聲笑語、飲酒作樂的時光中，莎曼沙慢慢開始放鬆。

結束象島之行，我們返回曼谷。為了挽救她和琪拉的友誼，莎曼沙在曼谷跟她正式分道揚鑣。隨後我們北上清邁。莎曼沙不久前去過清邁，所以這次她成了我的美食嚮導。我們流連在當地的市場，品嘗泰北金麵，每天早上到著名的達達咖啡（Dada Kafe）享用早餐。在星期天的假日市集，我們兵分兩路出征各個美食攤位，採買各式各樣的食物，帶回自己的餐桌大快朵頤。

我們從清邁飛到吉隆坡，在新的一年展開後又轉往柬埔寨。我們打算在濱海城市西哈努城待幾個星期。那年稍早，我的電郵信箱裡出現一封某出版社的來函。他們的一位編輯發現了我的網站，想把我的電子書《一天五十美元環遊世界》做成實體書。印成一本真正的書。

我回了郵件。這個提案是認真的。我們簽了約，工作正式開始。不過進度很慢。部落格不難，電子書也不難，可是實體書實在不容易。交稿日期排定在三月，時間越來越緊迫，我開始緊張不能如期完成。需要做的研究比我原先預期的多很多，而且我低估了相較於電子版我必須增添細節的程度。

謝天謝地，莎曼沙在柬埔寨很能自得其樂，讓我有時間寫稿。我們已經一起旅行了四個月，她也覺得不妨趁機透個氣。

每天早上我們會先工作，然後前往海灘休閒，或從事別種活動，午餐後我會繼續寫作。晚上我們會跟幾個朋友碰面，一起喝酒吃飯。在當地待久了以後，我們成為幾家店的常客，跟老闆和員工打成一片。

時間滴答流逝，截稿日進一步逼近，莎曼沙決定跟她媽媽到越南旅遊。當兩個人一天二十四小時相處在一起，同時又必須處理旅途上的種種壓力，你們之間的交往關係會老化得比較快。我們不曾正式賦予對方男女朋友的頭銜，可是無論從哪個角度看來，我們都是一對情侶。許多年以來，這是我第一次開始覺得我不該離開一個人，或者不要她離開我，不要讓這份關係結束，不要讓我們沒有明天。因此我非常擔心，如果她去了越南，而我留在柬埔寨把書寫完，這會跟過去的許多戀情一樣，成為走向盡頭的開端。不僅如此，等我完稿以後，我必須回美國做一些演講，而且還得再做幾次修訂，而她預計幾個月後回奧勒岡州，幫忙照顧一位生病的伯父。

幾星期以後，我們各自回到曼谷，在我回美國前見最後一次面。我不想離開她，不想說再見。所以我試圖輕鬆說句「稍後見嘍！」。我邀她跟我一起到日本和瑞典（我計畫在那些地方度過夏天）。

「哇，你打算出錢讓我去嗎？」聽到我的提議，她語帶諷刺地笑著說。

「可以啊，我想跟妳見面，」我回答。「日本是妳一直想去的地方，然後我們可以在斯德哥爾摩找地方住幾個月。」

「我考慮看看，」她說。隔天我就飛回美國了。

跟我們第一次共同旅行（去象島那次）不一樣，這次她沒有興高采烈地打電話來告訴我她要跟我去。我們的通話次數逐漸減少。我生日那天，她沒給我電話，於是我確定她不跟了。幾天後，她終於打電話過來，我向她表示我願意去任何她想去的地方，但她拒絕了。

一開始我不明白。先前我們是在很友好的情況下道別的，那段日子發生了什麼變化？

隔著時空距離回顧，當然沒真正發生什麼變化，只是我看事情的框架變了而已。我們之間的所有愛意只存在於旅行的泡泡中，那是一個由青旅、海灘和觀光遊覽活動所構成的自成一局的世界。出了那個泡泡，回到現實世界以後，雙方之間的感情就失去了基礎。離開了旅行的泡泡，我們的愛情枯萎凋零了。

命運注定事該如此。

她只是比我早知道這點。

剛開始旅行的時候，我會擔心交不到朋友或找不到適合自己的同溫層，不過我從沒思考過一個人過日子這件事。二〇一二年來到尾聲時，我一心想要的就是一個人過日子。我想拔掉電源，在一月份我的書問世以前好好放鬆。過去一年相當辛苦，而且莎曼沙的事還讓我覺得心情低落。我需要出走，需要找個地方清理思緒。

我挑了南非。那裡似乎可以提供我想要的一切——在大自然中露營好幾個星期，過與世隔絕的生活。南非的確兌現了我的期望，直到某天傍晚，我來到納米比亞的艾托沙（Etosha）國家公園，欣賞夕陽將天空染成熾烈紅紫、各種動物在水窪飲水的迷人景緻。周圍的人不是攜家帶眷、朋友成群，就是情侶雙雙對對。我是刻意一個人出現在那裡的，但看到身邊所有人似乎都有人陪伴，沉浸在分享神奇時刻的快樂中，我忽然覺得很孤單。貨真價實的孤單感受像一整噸磚塊般猛然向我擊來。我越是咀嚼那種感覺，就越明白自己已經受夠了一個人的日子。

當然，獨來獨往有它的價值；除了自己，沒有別人主宰你。你的時間和心思完全屬於你自己。但在那絢爛的非洲夕陽中，那些情侶和家庭的陶醉表情令我覺得他們似乎比我更享受那個經驗，而其中唯一的原因是他們能跟他們所愛的人分享。過去我一直認為這是極其刻板的意象，直到那個當下，它成了全然的事實，唯一的事實。最初我旅行是為了避免自己的人生落入俗套；現在，我卻掉進另一個陷阱——只要用「旅人」兩個字就能定義我。旅行已經變成我的崗位，而我是自己把自己擺進去的。

那次觀賞日落是一種摻雜喜悅與痛苦的經驗。我很快樂，因為在那一刻，世界顯得無比美麗；我也很悲傷，因為我不能轉頭凝視某個我在乎的人，看著對方的眼眸中閃爍相同的喜悅。

我那個特別的人啊，你在哪裡？哪裡有人讓我緊擁入懷？有誰在夜裡跟我一起細數白天所見的種種？誰能聽我分享工作點滴，或暢談看到大象的興奮之情？

我想的不是艾托沙。我想的是莎曼沙。

我回想我們的最後一次交談。我問她我們是不是有第二次機會，看看我們的關係能不能進一步發展。她告訴我，她已經在跟別人交往，不打算重新跟我談感情。我們的故事早已結束，那次談話不過是個尾聲。

我想，當時困擾她的因素是我們正處在人生的兩個不同階段。對她而言，家庭一直很重要。她總是用開玩笑的口吻說要生五個孩子；而在大部分玩笑的核心，其實都有某些真實成分的存在。但是，儘管我那時渴望談戀愛，我卻不想要有小孩。游牧旅人不能有小孩。游牧旅人的行頭是大背包，不是嬰兒揹帶。我一個小孩都不要。我的船帆不能讓纜繩綁住，我不能滯留在碼頭。除了對我自己，我不要有任何義務……也許唯一的例外是找個旅伴。

回顧那一切，我知道我們並不適合對方，但所有戀情在消散的過程中都會留下一些智慧。透過我跟她的戀情，我清楚意識到，或許成家的想法還很遙遠，可是需要有人相伴卻是排在首要位置的課題。

在艾托沙，我想到莎曼沙，想到我跟她一起旅行時感受到的快樂。我不再渴望獨自一人遊歷異國城鄉、欣賞非洲夕陽。我想要凝視熟悉的臉龐。我想要分享旖旎的時光。我厭倦了在每個新城市重新出發、結交新朋友的旅行日常。

我要真正擁有一個人。我缺乏人在一個地方生根時那種深層的連繫。樹木在土壤中深深紮根，才能擎天聳立，而我還是個隨風飄動的種子。沒有什麼把我牽繫在地。本以為我已經在旅行的世界中生根，但卻發現我更因此失了根。就在那個地方、那個當下，我告訴自己：時候到了，我該安定下來，結交穩定的朋友，然後再看後續如何發展。

可是我發現，停下旅人的腳步比我料想的困難得多。

第九章

歸去來兮

善行無轍跡[56]。

——老子

我覺得我差不多了，我在布里斯本跟麥特一起喝酒時這樣告訴他。他剛從伯斯搬到這裡，而我正在澳洲各地旅行。

在旅途上度過十八個月以後，我開始體會到一種先前只在書本上或文章裡讀過的感受：旅行疲乏。

56 譯註：原書中這句話採用詮釋性的意譯：「A good traveler has no fixed plans, and is not intent on arriving」（擅長旅行者無固定計畫，亦無意圖抵達）

旅行不再好玩。旅行成了工作。

很多人（無論他們旅不旅行）有一種觀念，認為旅行時時刻刻都充滿興奮刺激。我自己在出發上路以前，也曾耽溺在這種思維中。只想像好事情出現，這是人類的天性。不管是針對未來還是過去，我們都在做這件事。試著回想過去那些精彩萬分的時刻吧：其中有多少包含了在食品店排隊結帳、在公車上抓著鋼桿、被卡在車陣中動彈不得，和申報所得稅的時間？我們把那些平凡無奇的片段從過去的記憶中刪除了。不過，我們也會預先把那類事件從我們的未來刪除，我們將預期中的旅程處理成事先播放的精彩剪輯。我們的想像力就這樣觀賞了我們以為自己在旅行時會經歷的各種美妙情節，這正是旅行的計畫階段總是樂趣無窮的原因。

表面上看起來，旅行疲乏是忘恩負義的終極表現。到底有什麼理由感到疲乏？你擁有完全的自由，你在實現多數人只能夢想從事的冒險。你參觀名滿天下的景點，認識來自世界各地的人，品嘗異國料理，學習新的語言。你不必擔負任何責任，你可以在任何你想要的時候做任何你想做的事。沒有任何因素會妨礙你天馬行空的奇想、瘋狂不羈的欲望。然後，究竟出了什麼事，你居然**受夠了**？

於是你跟我一樣，會不禁想問這些問題：為什麼我不能更盡情地享受這一切？我的旅行出了什麼毛病？我到底有什麼毛病？

事實是，我們的期待與我們的記憶一樣，總有辦法只裝載某個經驗中最動人的部分——那些不會導致疲乏倦怠的部分。你去問任何剛帶小孩從迪士尼樂園玩回來的人，他們會不厭其詳地告訴你各種人間地獄般的惱人故事：人潮塞爆的景象、無止無境的排隊、尖聲叫鬧的孩童、爭吵不休的父母、擺明坑人的消費價格。一年以後，你再跟他們聊同樣這趟遊程，只會聽到他們津津樂道地描述貴族等級的早餐、多采多姿的回憶、趣味橫生的妙事。他們甚至可能把小孩跟小孩最愛的迪士尼卡通人物合照的照片秀出來讓你看。

長期旅行也是這麼一回事。當你在計畫一趟旅行時，你只會看到興奮刺激的部分。你會看到飲酒作樂的景象、觀光旅遊的時光、暢所欲言的新朋友、奇異多元的美食。在你登上第一班飛機以前，你早已為你的旅行剪輯出精彩片段。當你正在規畫你的旅行、預先占有尚未發生的冒險時，你無法想像事情會有相反的一面。

你又怎麼可能有這樣的想像？你即將出發冒險，而冒險的固有本質就是刺激——至少照理說應該如此。有誰聽過什麼叫無聊的冒險？差勁的冒險？令人失望的冒險？處在計畫階段的時候，這種可能性根本不可能闖進你的腦袋瓜。你滿心憧憬，想像自己將會做各種改變人生的美事，以及即將到來的旅行冒險會如何好過此時此地的一切。

當你在剪輯你的精彩片段時，你不會想到你將在狹小的巴士上熬過多少漫長而無聊的時間。你會跳過班機誤點、鐵路罷工這類讓你陷入困境的事。你不會想到食物中毒的痛苦、衛生條件不良的旅宿、在青旅宿舍房中打呼的人。你會想到自己如何跟當地人稱兄道弟，而不是忙著抵擋招徠顧客的商販、詭計多端的騙子，或把皮夾搞丟。你會想到一段將讓你永生難忘的經驗，而不是那些耗損精力、消弭人生樂趣的麻煩。

從這個角度來看，預期心理的運作方式跟記憶如出一轍——刪除無聊的成分，美化痛苦和挫折，為煩人瑣事披上華麗大衣。偉大的旅行作家保羅・索魯[57]（Paul Theroux）曾說：「旅行只有在回顧時才顯得豔光照人。」不過，這個關於往回看的真理也適用於往前看：旅行在預想中同樣顯得豔光照人。

我們總是忘記，旅行跟上班生活一樣容易淪為一成不變的例行公事。起床、吃青旅提供的爛早餐（通常是烤焦的吐司和玉米脆片，而如果罐子裡還剩下一點花生醬，算你運氣好）、觀光、認識其他旅人、晚上出去歡樂、睡大覺消除宿醉、打包行李、找巴士，然後前往下一個城鎮，一次又一次譜寫類似的變奏曲，日子就這樣不知重複多久。那些你出發上路時計畫要看的美麗地方仍舊在那裡，但它們早已變成布景，只是在襯托老調重彈的相同劇碼，不再鮮明生動地躍然眼前。彷彿瑪利歐賽車[58]的螢幕場景，雖然每一級獎盃賽都有非常獨特的背景畫面，可是我們真正看到的只有賽車道。

旅行得愈久，新鮮感就磨損得愈多，於是例行公事的色彩日益強烈，無聊煩悶油然而生。

在語言不通的國家不斷設法找到巴士或旅館，這種日子逐漸令人厭煩。我們厭倦了每天必須從頭開始做計畫。我們厭倦了看到一個個新朋友搭車離開，永遠不再有他們的消息。我們在家鄉視為理所當然的人生日常——找到不會讓自己吃壞肚子的食物，尋覓可以洗衣服的地方，獲取關於巴士時刻或菜單的資訊——變成累人的雜務。

在每個停留地點，我們都必須學習一套全新的社會標準。我們必須在新的地方、在一群新的人圍繞下，一而再再而三地重新展開生活。儘管背景布幕不斷變化，游牧旅人的生活還是可能變成《今天暫時停止》[59]那種不會停止的時間循環。

57 譯註：保羅・索魯（Paul Theroux）是一九四一年出生的美國旅行作家和小說家。索魯旅行過世界各地，著作極其豐富，其中許多作品已由馬可孛羅文化出品中文版，如《暗星薩伐旅》（*Dark Star Safari*）、《老巴塔哥尼亞快車》（*The Old Patagonia Express*）、《大洋洲的逍遙列島》（*The Happy Isles of Oceania*）、《騎乘鐵公雞：搭火車橫越中國》（*Riding the Iron Rooster*）、《旅行上癮者》（*Fresh-Air Fiend*）、《深南地方》（*Deep South*）等。

58 譯註：瑪利歐賽車（Mario Kart）是以任天堂旗下知名遊戲《超級瑪利歐系列》的人物為背景開發而成的電子賽車遊戲。

59 譯註：《今天暫時停止》（*Groundhog Day*）是一九九三年出品的美國奇幻喜劇電影，劇情講述一名憤世嫉俗的電視天氣預報員在賓州報導一年一度的土撥鼠日活動時陷入時間循環，每天都在重複二月二日當天的經歷，而且只有他自己知情。這部電影是當年最賣座的影片之一，對流行文化影響很大，英文「土撥鼠日」一詞成為常用典故，取「今天暫時停止」的意涵，形容一再發生且令人厭煩的單調情境，並有學者從各種宗教和哲學觀點分析本片的深層含義。這部電影在二〇一六年被改編成同名音樂劇，二〇一九年續以電子遊戲版本《今天暫時停止：有其父必有其子》登場。

一旦這種情況出現，隨心所欲的樂趣就銷蝕了。你不想再看第N座廟宇或瀑布。你不想花時間多認識一個很快就會無影無蹤的人。你不在乎其他跟你一樣正在旅行的人，不想知道他們從哪裡來、往哪裡去。你不想每天解開大背包，然後重新打包。你不想一邊聽著兩個喝醉的人在上層床鋪翻雲覆雨，一邊假裝睡覺。

你唯一想要的是待在一個地方，看網飛（Netflix）的串流影片，悠哉消磨時間。你渴望你為了旅行而拋掉的那種單調生活——舒適的床，能完全聽懂你說話的人，會待上不只一天的朋友，幾分紮實感和可靠性。

某天，你達到極限了。

恭喜你，這叫「旅行倦怠症」。

開始踏上旅途時，有一千零一種擔憂恐懼和可怕劇碼在我心頭亂竄。萬一我做不到怎麼辦？萬一交不到朋友呢？會不會迷路迷得一蹋糊塗，連回家的路都找不到？生病怎麼處理？要是錢花光了，那還得了？

我任憑那些恐懼膨脹到不成比例，因為不知怎地，我一直忽略上述任何一種情況出現時可以用來解決問題的簡單辦法。只要不是發生絕對可怕的劇碼，我總是可以回家。如果事情不順利，永遠可以搭下一班回程飛機。

大家很少想到這個選項。

所有人都假定，一旦踏上旅途，你就被困住了；事情不順時，你只能聽天由命。

仔細想來，這是相當諷刺的一件事。成為旅人的意義在於達到自由的境界，這點無庸置疑，然而我們卻可能因為過度陷入對游牧旅人生活的堅持，反而忘記我們總是擁有回家的自由。我們忘記我們隨時可以說：「你可以想像嗎？我想念我的家鄉和朋友。我如果再看到一間青旅，我會想尖叫。我忽然發現這種平價旅行我已經玩完了，下次我要嘗試比較舒服的方式，就算那代表旅行時間必須縮短。我暫時這樣就夠了，下一步我打算回家。」

你有停下腳步的自由。可是感覺上停下腳步竟變成你能做的所有事情中最不自由的一項，這種感覺彷彿是在承認失敗。

你會驚訝地發現，堅持旅行夢想的游牧旅人會多麼頑強地抗拒必須承認失敗的可能性。我真心希望情況不是這樣。我們旅行是為了成為更好的人，而實踐這點的最好方式之一，就是透過旅途認識自己。旅行有時會教我們的一件事是，我們不想再旅行了。決定回家完全不是問題。

我們不必恥於承認旅行可能是困難的事。旅行不是彩虹滿天、祥龍獻瑞；旅行也可能是例行公事、挫折、壓力、失望。如果你發現這些感覺在你內心湧現，如果你發現你一想到還得看一座大廟就覺得崩潰，那就是你需要作出改變的信號。

我離開曼谷是為了繼續旅行，可是到了澳洲，我在四處遊走的過程中——先是西海岸，然後穿過中部內陸轉往南部，再沿著東海岸北行——卻發現自己幾乎沒有欲望跟旅途上碰到的人交流。

看到旅行小鮮肉走進青旅時，以前的我會忙不迭地跟他們交換旅行經驗、提供各種建議，可是現在我只想讓他們知道我需要清靜，或者，如果他們想知道我有什麼東西可以分享，我就請他們直接上我的網站看。有時我渴望住真正的旅館，讓我不必跟那些人打交道，可以穿上浴袍，享受舒適的環境、充足的備品，擁有一段隱私的時光。

隨著時間從幾天變成好多個星期，我開始覺得我跟旅行的關係彷彿不再有魔法，覺得自己只是在經歷一次次的「移動」。風景依然漂亮，我也邂逅了一些投緣的人；其中包括一個德國女生，我跟她在接下來幾年中偶爾會一塊旅行。不過大部分時候，我內心對那些年輕大學生只有埋怨，覺得他們乏味無趣，只想夜夜笙歌。我在這裡碰到的背包客似乎跟先前我在歐洲和東南亞遇到的不一樣，而我完全不想跟他們有交集。

其實也可能只是我變了。我覺得自己年紀比我碰到的所有其他背包客都大——不是指實際歲數，而是心態上比較老成。我曾經滄海，早已「去過那裡」、「做過那件事」。

我發現自己非常厭惡這些一臉天真樂觀、只想把自己喝茫的菜鳥。他們的行為讓我覺得很假、很做作。他們有學習其他文化的欲望嗎？會想探訪名勝古蹟，或跟當地人交流嗎？他們的旅行經驗可有幾絲真純和道地？

每當有人邀我跟他們一起到海灘上買醉，我幾乎總是得忍住想吐槽的直覺反應。我很想說：「去年我一整年都在海灘上喝酒，我們有別的事可做嗎？」

但是，對那些人而言，答案是沒有。他們還沒變得意興闌珊——那一切在他們眼中都充滿新鮮感，縱使我已經覺得那些經驗陳舊不堪。

在布里斯本認識麥特時，我已經達到臨界點。

「如果你不再喜歡旅行，那就不要旅行，」麥特說。「你不需要證明任何事。你已經出來跑了將近十八個月。回家鄉去休息一下，等你準備好了再重新出發。世界永遠會等著你。」

「我知道，不過我就是覺得自己好像在放棄。我都已經離紐西蘭和旅行終點那麼近了。我會不會太衝動？」我問麥特。他應該知道的——在那個時候，他已經當了將近五年的環球旅人，也已經完成兩趟像我這種的浩大旅程。

「不會啦，老弟，」麥特回道。「你必須跟隨自己的心意。旅行就像談戀愛，總有高潮低潮。重點是關係真正結束的時候，你要有自知之明。聽你的描述，我覺得你這邊好像真的暫時結束了。」

「我知道，可是我很糾結。我一方面真的很愛旅行，另一方面卻覺得繼續旅行的想法令我反感。現在的我不在乎我遇到的人或我做的事，我再也不想參觀博物館或到海邊玩。」

「你可以繼續留在這裡，可是這樣你會很可憐。回家沒什麼不好的。不然就找個地方乖乖待著，好好給自己充電，然後再重新出發，如果到時你還是想旅行的話。可是不要急著決定。假如你什麼都不想做，旅行又有什麼意義？」

儘管我對旅行感到疲乏，家鄉生活仍舊讓我覺得無趣。我啜飲著啤酒，慢慢斟酌麥特的建議。

隔天，我一時衝動，決定聽麥特的話。我訂了一張返回美國的機票。我沒有比價，也沒有設法用里程抵扣。麥特說得對，世界永遠會等著我。我定案了。再過兩個星期，在旅行十八個月之後，我就要回家了。

二〇〇八年一月，我回到美國，這是我第一次沒有重新出發的計畫，我沒有工作，沒有錢，更慘的是，我是回老家跟父母同住。

起初回家的感覺還滿好玩的，家鄉讓我覺得興奮。我到我最喜歡的一些餐廳用餐，去我以前習慣去的酒吧喝酒，在波士頓地區做了一些觀光，還辦了幾場「歡迎回家」派對，跟老朋友敘舊同歡。

我用全新的目光看待我的家鄉。我最愛的壽司餐廳和那裡令人垂涎的美食，悠閒的早餐店，潛水艇漢堡店。流瀉在我喜歡的酒吧裡那種熟悉的交談節奏。就連波士頓的浩大公路建設計畫「大開掘」[60]所發出的喧囂聽起來都有了家鄉的親切感。重新融入故鄉的生活，感覺很自然、很簡單，宛如無縫接軌。這個城市彷彿是我跟旅行的關係難看告吹之後讓我滋養身心的療癒食品。大喇喇地攤在我的老床鋪，把自己包進熟悉的毛毯中，這恰恰是我需要的。

可是，舒適圈帶給我的詭異興奮感漸漸磨損，而朋友們上班的時候，我的空閒時間又

60 譯註：大開掘（Big Dig）是波士頓中央動脈隧道工程（Central Artery/Tunnel Project）的俗稱，該工程重新規劃九三號州際公路穿過波士頓心臟地帶的路段，以二．四公里長的地下隧道取代原有的高架公路，並在高架路段原址上興建綠園道。另外，大開掘工程還興建國際機場聯絡道及跨越查爾斯河的大橋，使市中心的快速道路系統完全改觀。

多得難以打發，於是煩悶的感覺又出現了。當初我離開波士頓是為了擺脫在那裡一成不變的日常，而現在我卻以超乎自己料想的速度重新掉進那種生活。在我離開那麼長的時間中，家鄉一直凝滯不變。我的朋友仍然在做一樣的工作，去同樣的地方玩，做的事情都跟以前差不多。酒吧裡都是同樣類型那些人，播放的也都是同類的音樂。城裡的商店還是老樣子，以前在做的工程現在仍然進行中。

剛回來時令我感到興奮的東西，現在反過來來提醒我當初我是為什麼離開，而我在旅途上又有了什麼改變。鄉情轉變成單調，然後變成僵化，接著又變成萎縮。這一切在幾個星期內就發生了。

有一種「後旅行憂鬱症」會在返回家鄉後出現。彷彿人被猛然拉回舊有生活，全身關節在拉扯中脫了臼。踏上旅途時，你精神抖擻，充滿興奮和驚奇。你將征服世界。很快你就會日行千里、探索寰宇，參加你碰到的所有活動。那種動力在你剛回到老家時還會持續，然後忽然間，碰！音樂陡然停止。

所有人離開了派對現場，不再有任何東西讓人期待。不再有冒險、不再有新朋友、新食物、新的航班。你已回到老家。彈指之間，那種經驗和生活方式悄然結束。

你的朋友們不想聽你說那次你搭乘帆船航行的事；你倘佯在太平洋的時候，他們正塞在下班的車陣裡。你的一個個故事都發生在他們從沒去過的地方，故事裡都是他們永遠不會見到的人物，這種故事他們不想聽。同時，他們又無法理解為什麼你回到家鄉會覺得不自在。

「你的旅行怎麼樣？」他們問道。

你向他們訴說旅行在外的生活，他們卻聽得心不在焉，眼睛彷彿失了焦，於是你開始盼望此刻自己回到青旅的酒吧——隨便哪間青旅都行——跟一群其他旅人暢快聊天；那些人跟你一樣把生命獻給了冒險，他們跟你一樣，擁有騷動不安的心靈和浪跡天涯的想望。

我曾經那麼努力擺脫一成不變的日常，現在重新歸隊，我覺得彷彿在經歷死亡。我在曼谷為自己打造過一個生活。我學過泰語。我在澳洲內陸宿營過，探索過歐洲的大城小鎮，在泰國的一處天堂小島度過一個月不必穿鞋子的時光。我變成了不同的人。我變得更有自信，更開放，更富於冒險精神。我早已褪去原來的生活——現在驟然間卻又重新進入那個殼。按理說「家」應該是全世界最快樂的地方。然而，現在的我卻覺得自己離開家鄉那麼長的時間只是一片枉然，彷彿我無法在這裡容身，卻被宣判必須一輩子耗在這個地方。而讓情況更糟的是，周遭沒有任何人明白我為什麼感覺悲傷或憂鬱。我孤立無援。

某天晚上，我跟朋友出去玩的時候，內心卻在跟這種想法糾纏。在吧台另一邊，我看到一個男的穿了一件紅色襯衫，前面有一個金色星星的圖案。那是有名的越南國旗襯衫，幾乎所有到東南亞旅行的背包客都會買上一件，是那種跟寮國啤酒圖案汗衫一起掛在攤位、老闆會邊嚷嚷「一樣一樣，不過不一樣」[61]邊催客人買的東西。穿上這件襯衫就好像別上榮譽勳章。那是一種象徵，代表你是旅行家族的一員。

這位老兄肯定是個旅人。一個我可以交談的人。我可以跟他一起回到旅行的路上，即使那只是片刻的時間。我決定跟他攀談，於是朝他的方向走去。

「嘿！你的襯衫不錯。你是在東南亞當背包客的時候買的嗎？」

「沒錯，你怎麼知道？」

「我在越南買了一模一樣的襯衫，我幾個星期以前才剛旅行回來。」

「你去了哪裡？」他欣喜若狂地說。

「哪裡都去了！我在東南亞待了將近一年。」

我們就像兩個惺惺相惜的老兵，置身在一片人海般的「平民」之中，而那些人永遠不會了解我們經歷過了什麼。我們交換征途上的英勇事蹟，試著看我們的行程有哪些地方重疊，我們記得哪些酒吧，哪些地方我去過但你沒去過。我們用力玩「我比較會旅行，因為……」這個永垂不朽的遊戲，大肆講述對方錯過的隱藏版「遺珠」，互相吹噓一般遊客不知道的精彩景點。雖然這種遊戲看起來頗有較量的意味，不過其實是很友善的，其中充滿志趣相投的默契，那是對人生輕重緩急看法雷同的心靈夥伴之間的一種相互肯定。當我向他說明我對回到家鄉的感受時，他一下就明白我的心情——他返回美國時也有過同樣的體會。

聊了大約十分鐘以後，我跟他道別，回到我朋友身邊，心裡非常高興能碰到一個人跟我有相同經驗，可以理解我的感覺。

「那個人是誰？」朋友們問我。

我向他們解釋那件襯衫的意義，也提了一下在東南亞旅行的事。他們納悶的反應——為什麼我要跑去跟陌生人聊襯衫？——進一步加深了我內心因為不被了解而感到的悲傷。

還記得《班傑明的奇幻旅程》（*The Curious Case of Benjamin Button*）那部電影嗎？電影裡有句台詞永遠烙印在我的心裡：「回家這件事很奇怪。什麼都沒改變。所有東西看起來都一樣，摸起來一樣，連聞起來也一樣。你會發現改變的是你自己。」

旅途改變我的程度比我原本以為的要深刻許多。

我內心有了一把火，而縱使我對旅行已經產生疲乏，我心中還有夠多的炭火在灰燼中隱隱燃燒，使我在家鄉感到侷促。旅行已經讓我成了一個更好的人。在國外生活和結交朋友的過程給了我自信，使我能跟酒吧裡的陌生人交談，連進了家鄉的酒吧也不例外——這

61　譯註：原書寫的「same same」（一樣一樣）傳神復刻東南亞人說英文「same」時重複說兩次的口頭禪。

是從前那個馬修永遠不可能做的事。

返回家鄉的體驗讓我明白，我還沒有滿足體內那股對旅行的渴望——不但沒有，我反而渴望得到更多。我要繼續在旅行的道路上前進，只是用一種跟過去不同的方式。

我掙脫了美國夢的泡泡，見證過外面還有寬廣的世界，那裡充滿無盡的冒險和可能。我像個成癮者，時時刻刻都想要旅行，而我無法明白為什麼沒有別人跟我一樣。我無法明白為什麼大家每星期都去同樣的餐館、上同樣的酒吧，沒有人想往外多走幾步。我不懂為什麼沒有人要出發做一場公路旅行，或冒險體驗奇異的事物。

我回到了原點，但現在我是個不同的人，一個更不願意承受美國中產階級生活的人。我在我的臨時工作崗位上，成天盯著電腦螢幕，有很多時間咀嚼這些想法。（工作是一位表親幫我找的，不過不巧的是，那又是個坐在小隔間辦公的醫療界職位——幾乎可以說我連在這個部分也回到了原點。）我把腦袋往鍵盤撞下去。我拒絕讓我的人生回到從前的模樣。

「我到底為什麼回來？為什麼我那麼急躁？」

我很想狠狠踢自己一腳。我應該繼續在旅途上前進才對，我應該就在澳洲多待一陣子，我竟然完全沒有嘗試修復我跟旅行之間的關係。我只是逃開了旅行，而現在，我對這個決定感到後悔。

我到世界各地旅行了一年，不是為了回到跟原來一模一樣的地方。我那樣旅行是為了變成一個全新的人，更有自信，擁有無數精彩故事可以跟他人分享。

既然我已經成為這樣的我，為什麼我卻回歸原點？生活在時間中凝結，等著我回歸，但我完全不想要這一切。新的我無法裝進我的舊人生。波士頓並沒有什麼不對，我的朋友、我的工作，或這樣的生活，都沒有不對。只是這些已經不再是我想要的東西。

我的網站和透過它遇到的網路社群成了我的出口。它讓我可以假裝我只是暫時中斷旅行，休養生息。我只是在休假，假期很快就會結束。然後，在我的二十七歲生日之後不久，我訂了一張飛往歐洲的單程機票，打電話給我在曼谷的老闆，看能不能回去那裡教書，接著就開始準備八月份離開美國的事。

時候已到，我該回到我歸屬的地方。

旅行倦怠症有個很奧妙的地方，它會一而再再而三地發生。你**永遠**會在某個時候撞上一堵牆。

旅行疲乏不是一個你能解決的問題，而是一種你必須學習如何處理的狀態，因為導致你產生倦怠的原始條件永遠不會消失。

事實上，旅行得越久，這種狀況就會越常發生。任何長時間旅行的人在某個時間點都會出現彈性疲乏。可是如果旅行沒有開始和結束的日期，情況會變成怎樣？隨著我成為永久性的游牧旅人，旅行就是我做的一切。世界就是我的辦公室，它已經成了我的日常。

而在某些時候，這會讓人很頭痛。

因為，套句美國演員馬修．麥康納（Matthew McConaughey）的話，儘管你自己年歲日長，新的旅人卻永遠維持相同的年紀。事實上這麼說還不夠正確；新的旅人相較之下會變得更年輕。他們跟當年的你一樣，雙眼睜得雪亮；他們問的問題跟從前你問過一千次的問題一樣。他們要夜夜笙歌。他們要跟所有人變成新朋友。背包旅人作為個體也許會來來去去，但作為一個族群，他們的特質永遠不會變。

這整個族群不會像你個人那樣改變。你開始改變你的旅行方式——朋友少些，但交得深些；酒喝少一點；想要迴避你過去已經聊過幾百次的東西。這其實很好懂，你只是厭倦了不斷重新開始的生活。

隨著一年變成兩年，兩年變成五年，五年再變成七年，我的眼界早已超出住青旅宿舍、上酒吧買醉、收集每個城市必訪景點的範圍。我厭倦了提著行李箱到處跑的生活。我想走得更深，不再拼命跑很多地方，而在我去的每個地方都待久一點。我開始重拾我在先前的旅行中結成的友誼，不再一味忙著認識新朋友。

我逐漸領悟到，疲乏倦怠是旅行中一個很自然的部分。我不需要跟疲乏對抗。我不需要急躁地決定返回家鄉，因為那只會讓我後悔，然後我又得再次出走。

不，我學到了功課，旅行跟人生中的一切一樣，總有高潮低潮。即使沒有一直旅行，我們還是能活出充滿冒險的人生。旅行的目的也是靈活處世的目的：創造一種符合個人想望的生活。

當你在旅途上覺得倦怠了，你不需要逃開，只需要停下腳步，安安靜靜地休養生息。因為欲望不是源源不絕的泉澤，而是一顆需要時時充電的電池。持續不斷的旅行會使電池耗竭。所以如果旅行倦怠症出現在你身上——這是必然的事——你該做的是傾聽自己的心。停下來休息。仔細思考，好好照顧自己。因為假如你不這麼做，假如你犯了我的錯誤，到頭來你會坐在辦公桌前，煩惱自己可能永遠不會再踏上遠方的旅途。對一名游牧旅人而言，這可能是最可怕的一種感覺。

第十章

重返旅途

沒有人曾踏進同一條河流兩次。

——赫拉克利特[62]（Heraclitus）

你可能已經聽過赫拉克利特這句名言，即使你本來不知道是誰說的。這句話的道理有兩個：河流一直在變，你也一直在變。想像自己能在某個時間點把周遭的世界凍結起來，

62 譯註：赫拉克利特（Heraclitus），約前五四〇—約前四八〇，古希臘哲學家，生於以弗所（小亞細亞西岸的古希臘重要城市），以弗所學派創始人。赫拉克利特只留下一部著述《論自然》的殘篇，且他愛用文字遊戲、神諭和悖論，後人難以詮釋，因而稱他為「晦澀者」。另相傳他生性憂鬱，被稱為「哭哲」，與「笑哲」德謨克利特（Democritus，約前四六〇—約前三八〇）形成鮮明對比。

跟幻想讓河水停止流動同樣愚蠢。而假如你幻想能讓自己停止改變，那你就有了調製不快樂的最佳配方。真正的快樂如同真正的智慧，在於擁抱變化，將它視為理所當然的事實——甚至是人生的唯一事實。

我曾努力把這份智慧銘刻於內心。事實上，在某個意義上，它是游牧法則的一環——不斷移動，不斷前往新的地方、認識新朋友，從不願安定在某個地方。假使你沒有某種擁抱變化、把它當成人生基本期許的意願，你就不可能像我這樣當那麼久的游牧旅人。我原先以為我在回美國以前至少已經學到了這個功課。

然而，我在自己身上觀察到的轉變還是令我震撼。先前我提過，波士頓在外表上似乎沒有什麼變化。我的朋友和家人都沒有明顯的改變。但在這個熟悉的環境中，我卻覺得彷彿是個全新的人。

這種感覺幾乎就像電影《浩劫重生》（*Cast Away*）中的一個場景——湯姆．漢克斯（Tom Hanks）終於逃出荒島，來到一場慶祝他歸來的宴會。豐盛的菜餚、奢華的布置……一切的一切都令他感到陌生。《危機倒數》（*The Hurt Locker*）這部電影中也有類似情節。傑瑞米．雷納（Jeremy Renner）飾演的角色結束派駐伊拉克的軍事任務，回到美國，我們看到他在一家大賣場神情疑惑地仰望眩目的日光燈和堆積如山的「東東」。他只有一種反應方式：重新入伍。他懷念血脈賁張的刺激感，與其每天面對平庸的日常生活，他寧願出生入死。

對我而言，回到家鄉就是這種感覺。這一切牽涉到的不只是我周遭的事物。第一次離開的時候，我已經懵懵懂懂地意識到人生不只是我在波士頓經歷過的東西。現在我確定這點了，我品嘗過這個滋味。每次我覺得受不了的時候，我心裡就會想：「你知道人生是比這個要好的……那為什麼你還在這裡？」

更糟的是，我身邊的人無法理解改變以後的我。他們仍舊以為我只是度過了一個階段，某種反抗期，或者某種加長版的假期，之後我就會安定下來，當我應該當的那個馬修。他們看不出我已經是個新的人。

然後，當我開始說我打算再度遠行時，他們的反應跟從前如出一轍。

我平安無事地回到美國，可是不曾有人對我說：「看來你是對的，這個世界其實並沒那麼危險。」一相反地，他們認為我不是僥倖逃過一劫，就是走了狗運。

我那些老同事依然認為我是個瘋子，我的朋友們依然冷淡漠然，我父母依然打定主意要說服我留在美國。無論我幾點下樓吃早餐，都會發現我爸爸又把徵才廣告用紅筆圈起來放在桌上。我生活中的所有人都在用某種方式迫使我留下來，回歸他們眼中那套從以前到未來都不會改變的秩序。

但我心中的聲音——那個說「你知道人生可以比這個要好」的聲音——仍在迴盪。它用一個我知道是在訴說真確事實的口吻告訴我，停止旅行是一個錯誤，活出完整人生的方式是回歸旅途。沒有人能阻止我。甚至可以說，越多人告訴我「不行」，那個聲音就越是大喊「可以！」

幸運的是，我早已學到很多事，讓我明白面對一群懷疑論者時，該拿出什麼本領來堅持自己的人生計畫，在周圍的人一直質疑你的夢想時，繼續追尋那個夢——當全世界堅稱「不行」時，不斷告訴自己「可以」。

不過更重要的是，因為我曾經歷過這一切，我清楚知道該做什麼。

首先，我發現有件事很有幫助：設法把所有負面力量轉變成正能量，也就是說，變成一種動機，催促你走出去，證明他們錯了。我會告訴自己：「我知道他們錯了，我不會讓他們打擊我。我反而要讓他們激勵我做得更好。」我已經學會享受證明別人沒道理。如果某個人告訴我說我不能做某件事，這會促使我設法讓他們看到我可以。這個意思不是要你把心思專注在人生中的所有「敵視者」身上，刻意訂立美好的旅行計畫來刺激他們。這樣過生活是很不堪的，而且這代表你將踏上的是別人的旅行，不是你自己的旅行。藉由刺激別人來得到快感，跟透過超越別人對你的期望來得到快感，這兩者截然不同。前者偏執在負面思維，後者的整個重點則在於靠努力贏得驕傲。

其次，我對找方法鼓勵自己變得很積極。就像我第一次環球壯遊之前一樣，我拚命看與我憧憬的目的地有關的書籍和指南，而且這次還多了旅行部落格。我跟一些旅行同好連絡，讓他們變成我的支援網路。我問了很多問題，努力做功課。那些人旅行過，他們也平安歸來，他們懂得我浪跡天涯的渴望。藉由主動連繫他們——就算他們只是我在網上「認識」的人——我可以克服我身邊的人們傳遞給我的負面想法。

就像很多生活在小眾社群裡的人，就像很多在家鄉覺得自己像局外人或怪胎的人，網路社群成為人生的寄託。我不必跟旅行社群中的人生活在同一個城市，甚至是同一個國家，也能感受到跟他們之間的深刻連結。就算我們在很多方面沒有交集，我們確實有一個共同點——對浩瀚旅途的熱情，而這是最重要的一件事。與他們建立聯繫幫助我覺得沒那麼寂寞。他們明白我的感受。

第三，我再度把規劃旅行的過程當成一座安全屋。我把下一趟壯大旅行需要做的每件事列成清單，然後細部分解成一個個步驟。透過對每一個小小里程碑的專注，我可以消除外在的噪音，讓精神聚焦在我的目標上。如此一來，順利抵達個人計畫中的下一個步驟就成了我唯一在意的事。在我的游牧旅人生涯早期，我已經學到一些關於規劃的訣竅。我已經體會出計畫本身可以而且應該隨時改變；不過現在我比以往更清楚，計畫過程——關於完美旅行的所有幻想在眼前逐一展現具體形貌的過程——是一段可以細細品味的時光，而不是讓你拖三拉四或草草了事的東西。

在波士頓，沒有一個人了解持續不斷的旅行對我的吸引力。沒有人了解為什麼留在原地不動一直令我覺得無趣，為什麼它使一切事物顯得那麼沉悶。

對大部分人而言，我已經把我的旅行「處理掉」了。現在該是我歸隊的時候，不要再當個怪咖。現在我該開始做個聰明人，好好按照規則生活。

我不怪他們那樣想，他們沒有思考這些事的參照座標。對我而言，他們仍然受制於「母體」[63]，那套邏輯雖然對他們很管用，但我已經無法那樣運作。

他們是真心為我擔心，因為他們無法理解，明明有那麼多清楚明白的風險，攸關職業生涯、生活穩定乃至我的整個未來，何以我還認為花更多時間在旅途上是值得的。他們不像我這樣急切地渴望旅行。他們認為我不該出發的所有理由，卻都是我認為我應該出發的理由。

在旅途上，我覺得自己在實現我的生活——我真正的生活，我注定要過的生活。

許多人走遍世界是為了解除自己的旅行癮，把清單上的項目一個一個劃掉，藉此顯示他們已經到過那裡、做過那件事。可是我在自己和其他像我這樣的游牧旅人身上發現一個現象：我們旅行得越多，就越想要繼續旅行。我們不可能解除自身的那種癮；旅行只會使它持續增長。這種成癮沒有藥方可以治療。

回到了家鄉，我卻明白還有更多世界要看，更多人生要過。回到家鄉令我感覺自己彷彿瀕臨死亡——好像被關進鳥籠，得設法用爪子扳開它，重新飛出去。

我必須承認，我這種人在面對困境時，比較傾向退縮到舒適圈裡去。在我還是個笨拙書呆子的青春歲月中，這的確是事實，而儘管現在我成了游牧旅人，情況依然如此。唯一改變的部分——畢竟一切都會改變——是我的舒適圈。現在，旅行就是我感到舒適的地方，在人生艱難困頓時，旅途是我渴望的所在。

就在我計畫再度出發的同時，我又一次次聽到大家的老話：我在逃走。我父母就是這樣說的：我在逃離我的家鄉、我的根源。

我的同事們也是這樣說的：我不肯安定下來，找份傳統型態的工作，我在試圖逃離我的種種問題。

這種聲音從四面八方傳來：我什麼時候才要「安定下來」？我什麼時候才要「參與真正的世界」？我什麼時候才會「認真過生活」？

連我的部落格上都出現這樣的評論。某個人告訴我別再逃避，要面對真正的世界。假

63 譯註：母體（The Matrix）的典故來自一九九九年的美國電影《駭客任務》（*The Matrix*）。在電影中，二一九九年的真實世界已被電腦機器占領統治。為了培養人類當成能量來源，電腦機器模擬一九九九年的人類世界，創造出虛擬程式世界「母體」，藉由和人體大腦神經連結的連接器，使源自母體的官能和心理知覺訊號傳遞到真實世界的人類大腦，並讓其以為是真實。母體藉由這個手段控制人類的心靈。

如讀者你認真嚴肅地旅行一大段時間，我敢保證你也會聽到類似這樣的話。我不太知道為什麼，不過似乎有某種約定俗成的智慧認為，如果一個人長期旅行，沒興趣定下來或找個傳統工作做，那麼他一**定**是因為某種原因而逃走。這些人只是企圖「逃避人生」。旅行沒關係，但要有個限度——短暫的假期，甚至在上大學前中斷學業一年，或大學畢業後去當一陣子背包客、買張歐鐵周遊券暢遊歐洲，這些都不成問題。可是一旦你嚴肅地談論游牧旅人的生活方式，或者出外遊歷得稍微太久一些，你肯定會聽到那種話：你在逃避什麼？大家想傳達的訊息是，你可以旅行，但不能旅行太久，不能太認真。

我們這些游牧旅人在家鄉肯定過得很糟糕、很可憐。不然就是我們太古怪，無法跟別人建立長久的關係。再不然就說我們是拒絕長大的小孩，一心一意想要離真實世界遠遠的。

由於這種話反反覆覆不斷進到我的耳朵裡，我最後終於體悟到我必須停止對抗它。我不再否定它。我真的告訴所有懷疑我的人說：你是對的。我的確是在逃走。從二〇〇六年第一次把大背包扛上肩的時候開始，我就一直在逃。可是我並不是在設法迴避人生——我內心會這樣告訴那些懷疑者。我是在設法迴避**你們的**人生。我不是從真實世界逃走——我是從你們認為的真實世界逃走。

逃離坐辦公桌的生活、日復一日的通勤、每個周末的採購，逃向世界可以提供的一切。逃離單調乏味、朝九晚五、猖狂的消費主義、約定俗成的人生道路。

我在逃向廣大的世界，逃向奇鄉異國、全新面孔、不同文化，逃向我自己心目中的自由和生活。我要體驗每一個文化、觀覽每一座山峰、品嘗詭異的美食、參加瘋狂的慶典、邂逅不一樣的人、享受世界各地的不同節日。

我逐漸明白，把刻意流浪的人或游牧旅行者貶為一群瘋狂、適應不良、反社會的彼得潘[64]只是另一種讓恐懼延續的方式。那好像是在說，「我們的生活是唯一可行的生活，任何不要過這種生活的人都是瘋子」。當你把不想過你那種生活的人定義成瘋子，你就永遠不需要去應付你那種生活方式的缺點。

事實是，幾乎所有人都需要把某個人當成自我定義的反例。也許你聽過法國著名詩人韓波[65]（Arthur Rimbaud）的一句名言——「我是另一個人。」對我而言，這句話的意思是

---

64 譯註：彼得潘是蘇格蘭作家巴里（J. M. Barrie，1860-1937）劇作《彼得潘》（*Peter Pan*）的主角之一。彼得潘這個名字源自希臘神話中的牧神潘，以及巴里以養父身分負責照顧的戴維斯家五兄弟中的彼得。在劇作中，彼得潘是個性情奔放、充滿好奇心的小男孩，具有飛行能力，而且永遠不會長大。他在夢幻島（Neverland）度過無止境的童年，帶領一群「遺失男孩」經歷各式各樣的冒險，包括與真實世界的普通小孩交流。「彼得潘」後來成為一個文化符號，象徵純真的童年和對現實的逃避，心理學界則用「彼得潘症候群」描述成年男性不想長大的心理。

65 譯註：亞杜．韓波（Arthur Rimbaud），一八五四—一八九一，法國象徵主義詩人，超現實主義詩歌的重要啟迪者。韓波是早慧的詩人，只在青春期創作，十九歲便停筆。他個性極為叛逆，多次離家出走，會衣衫襤褸出現在巴黎街頭，藉此嘲笑中產階級。他也曾參與巴黎公社起義，並以詩作描述期間的經歷。十七歲時，他與已婚象徵主義詩人魏爾崙（Verlaine）發展出暴戾激情，轟動一時。

說，我們都會藉由推開某個其他人，設法編造出一個自己版本的「我」。我們需要建立這樣一個概念，才能回答一系列的問題：作為人，我們的身分是什麼？是什麼讓我們獨特？我們認為有價值的是什麼？假如我們不把自己定義成另一個人**不是**的名堂，我們就不可能成為一個「我」。其他人的存在有助於我們明瞭自己的身分。倘若你終其一生單獨一個人在一間屋子裡過活，你不會很清楚——甚至不可能清楚——自己是什麼樣子的人。

不過我們並不是自己呆坐在一間屋子裡。我們會觀察身邊的人——兄弟姊妹、父母、朋友、敵人、隨機碰到的陌生人——然後摸索出我們的「我」是怎麼構成的。「運動方面我沒他那麼行」，你可能會說。「我畫畫比另外那個同學厲害。」或是：「大部分同學說他們喜歡巧克力冰淇淋，可是我喜歡草莓口味。」或是：「我的數學跟不上其他同學——那大概不是我拿手的部分。」

每天，透過數以百計這種小小的比較，我們慢慢拼湊出我們到底是什麼人。隨著年齡漸長，比較內容會更加廣泛而多元，而且會變得更嚴苛。全美各地那些自認為有責任感、開轎車代步的成年人很可能告訴自己：「我不像那些背包一背就遠走天涯的神經病。我已經安定下來，在這裡打拚人生。雖然這種生活不怎麼炫，不過至少我知道我是誰——而且我不是**那種**人。」當然，像我這樣的游牧旅人會從相反方向做完全一樣的事。我知道自己的確這麼做過。我曾告訴自己：「我不像那些開轎車代步的人那樣，一輩子墨守成規，一成不變。我探索過全世界。這種生活不見得容易，不過至少我知道我是誰——而且我不是**那種人**。」

旅行過程特別艱辛時——例如隔壁床位有人打呼，害我沒法睡覺，或者我因為多搭了一趟痛苦的巴士或多吃了一頓冷涼的早餐而灰心喪志，同時大背包的背帶卻緊緊扣進我的肩膀。我必須承認，一句「**我不是那種人**」幫助我度過不少難關。「畢竟這樣還是比回到家鄉好，」我會這樣安慰自己。

我們不可能擺脫這個困境。所有人都在設法把別人當作反例，藉此定義自己。這是人性的一部分。如果沒看見倒影，任何人都不會清楚自己的長相。而在我們的個性和價值觀方面，其他人就是我們的反射圖像。

把某個其他人當作你的「他者」是健康、正常而必要的。不過這也可能變得不健康，因為事情有可能失控。就我看來，最常出現的失控狀況是當你把其他人完全視為你進行自我定義時的反例。在某個其他人身上——那是一個具有不同背景、不同人生道路、不同個性或一套不同選擇的人——你看到的不是人類群體中的另一個同等成員，你只看到你不是的部分。你看到一個怪胎，一個有缺陷的你。基於種種原因，有些人對自己的選擇會變得非常沒有自信；為了確認自我價值，他們只能仰賴在心理上極力貶抑別人，到最後甚至不再把其他人看成人，而只是把他們當成達到目的的手段。這個現象走到極端時，就會衍生出種族主義、性別主義，以及其他各式各樣的惡質心態。但即使事情沒演變得那麼極端，那仍然可能意味著我們在有機會了解別人以前，就已經在內心把他們踩在腳底，只因為他們**不是我們**。

於是，就像我可能在心中對開轎車代步的墨守成規者有不太公允的印象，那些人可能在心中塑造出一個骯髒邋遢的我，藉由這個負面形象的反照，來幫助自己安心度日。「正規美國」就是用這種心理方式支撐著一個其實並不那麼健康的生活方式；將所有它認為自己不是的他者——嬉皮、游牧旅人、怪咖、激進人士、異類——當成反對標的，藉此穩固自己的立場。

但我知道這種做法有多麼不誠實，因為我親自遇見過那些「異類」。這一路走來，我認識了很多游牧旅人、流浪人士，以及一些不能適應家鄉生活的人。我對他們有第一手的認識，而我很清楚他們並不是反社會的怪胎；他們是一群對生命有激情和精力的人，他們想用自己的方式度過人生，盡情擁抱世界能給予的一切。這是一群知道人生苦短、而我們只能活這麼一次的人。這些人盼望在驀然回首的一刻，看到無止境的瘋狂冒險，而不是日復一日坐在辦公桌前，奢望自己能在別的地方。

至於那些選擇坐在辦公桌前的人——他們也沒像我以為的那麼不好。我曾在懵懂無知的青春歲月，建立一個關於他們的心理圖像，但隨著年齡增長，那種樣貌已然淡化。我最好的朋友中有人選擇過安定的生活——買休旅車，住中產階級的郊區，生二點五個小孩，做穩定的工作，參加四〇一（k）退休福利計畫[66]。他們做了對他們好的選擇。如果你是在慎重考慮之後有意識地選擇在地生根的安定生活方式，那就完全不是問題。

然而，我們之中有很多人並不是這樣。我們選擇那種生活方式是因為它是我們看到的唯一選項，或者因為我們畏懼考慮替代方案，然後終其一生怨恨我們所做的選擇，因為那其實根本不是一個選擇。在一種惡性循環中，我們試圖將那些不做這種選擇的人定型為瘋子或不正常的人，以此削減心中的怨恨。

我想要逃離的，就是這一切。梭羅[67]（Henry David Thoreau）曾說他想要「刻意生活」，這句話引起我的共鳴。他說他只要「面對生活的根本層面，看看自己是否能學會生命可以

66 譯註：四〇一（k）退休福利計畫是美國的一種延後課稅退休金帳戶計劃，創立於一九八一年，相關規定明訂在美國稅法第四〇一（k）條，故名。這個計畫只適用於私人公司員工，採自願選擇性質，雇主可自行決定是否提供該方案（並透過資金獎勵提高參與意願），員工則可自行決定是否參與（他們也可選擇參加非雇主提供的方案）。員工劃撥部分薪水至個人退休帳戶，退休後提領時可享稅收優惠（但若在退休前提領，則會導致罰金）。

67 譯註：亨利・大衛・梭羅（Henry David Thoreau），一八一七—一八六二，美國作家、詩人、哲學家、超驗主義者。最著名的作品是《湖濱散記》和《公民不服從》，前者記載他在麻薩諸塞州華登湖的隱居生活，後者則批判政府和強權的不公義（如蓄奴、戰爭），辯護公民拒絕遵守若干法律的立場。梭羅除歌詠親近自然的簡單生活，也闡述環境史和生態學的意涵與研究方法，為現代環保意識帶來啟發。

教導的一切，而不是在生命終結之際，發現自己未曾活過」。這股意欲促使他生活在森林中的一間小屋；它促使我背起大包包，離鄉遠行。我認為這其中的基本驅力是相同的：有意識地選擇如何度過上天給予我們的短暫生命，而不是盲目按照預設模式生活。

很少人選擇這樣的生活，而真正做了這個選擇的人注定會導致沒做這種選擇的人憎恨。習俗、規則、框架，對以此為規範的人而言都是神聖不可侵犯的，因此他們很容易用所有他們想得到的傷害語彙汙名化那些打破規範的人——像我這樣的人。當那些依照習俗、規則和框架生活的人發現自己得不到滿足，他們消除鬱悶的方式不是徹底改變自己的生活，而是踐踏那些主動跳脫，希望——只是單純地希望——生命能帶給他們更多滋養的人。

多年前有一本暢銷書叫《秘密》[68]（*The Secret*）。這本書轟動一時，並且獲得知名主持人歐普拉[69]（Oprah Winfrey）親自推薦。根據《秘密》的闡述，只要你以足夠的熱切欲求、想要某個事物，你就會得到它。想當然爾，這樣一個訊息不轟動也難，因為人人都有不滿足的時候，但多數人只在內心希望問題能夠化解，不願付出努力改善情況。

熱切地欲求富足而刺激的人生，這樣的人生就能實現，這種想法是荒謬的。人生的真正秘密是，當你對你想要的事物親力親為時，你才會得到你想要的。人生的樣態是你雕琢出來的，不是光靠盼望就會出現。人生由你自己創造。

我們都受到我們自己攬在身上的負擔所束縛，無論那是帳單、勞務，或者（在我的情況中）與部落格有關的工作時限。當那些負擔變得太沉重時，我們可以選擇認清，在某種程度上，絕大部分的負擔都是自我強加的，是可以淘汰的選項。負擔的存在無非就是要讓人將它解除。如果你真的想要某個東西，你必須採取行動。

遊走天涯的人不是在逃離人生。事實正好相反。那些打破框架、探索世界、用自己的方法生活的人是在奔向人生。他們是在奔向他們心目中的人生，他們設法為自己的船掌舵。他們環顧周遭所謂正常、「適應良好」的人生所提供的一切，然後說：「不好意思，我想要更多東西，一些不一樣的東西。」我很清楚，在看過世界、看過其他生活方式的存在以後，我不可能回頭。

這是我在多年前那幾個第一次深深啟發我的背包客身上看到的自由精神和生命態度，

---

68 譯註：這本書的作者是朗達・拜恩（Rhonda Byrne），一九五一年（一說一九四五年）出生的澳洲電視製片人和作家。《秘密》（*The Secret*）於二〇〇六年首先以紀錄片形式問世，獲得熱烈迴響，拜恩將內容增修後，於同年出版為書籍。

69 譯註：美國知名演員、主持人、製作人歐普拉・溫芙蕾（Oprah Winfrey）於一九九六年在她主持的當紅節目歐普拉・溫芙蕾秀（The Oprah Winfrey Show）中推出「歐普拉讀書俱樂部」（Oprah's Book Club）單元，每月由她精選一本書（通常是小說），邀請觀眾閱讀和討論。這個單元大受好評，許多獲選書籍成為超級暢銷書，有時銷量可高達數百萬本。二〇一二年這個單元轉型為歐普拉讀書俱樂部2.0，將各種社群媒體和電子閱讀器納入使用。

而這也是為什麼我再度離開波士頓，擁抱我作為一個真正的游牧旅人在世間所處的位置。

旅行彷彿迷幻藥，在我以為已經脫離它以後，它卻持續掌控我，作用久久不去。但正如一個成癮者不斷想找回第一次高潮的快感，第二次永遠不會那麼「嗨」。我的第二趟環球之旅就是這種情形。我回歸旅途，想要追尋那份高潮；我忘了不堪的部分，將它想像成一個精彩剪輯。

先前提過，我們會為我們的旅行添加浪漫色彩。我們會記得在布拉格的青年旅館和泰國各地的海灘度過的開懷時光，或是在佛羅倫斯的美麗中庭跟幾個迷人的西班牙人笑語不斷的奇妙夜晚。我們會忘記當初那些導致旅行疲乏的因素——長途巴士的折磨，生病不適的日子，或各國文化對時間和安全觀念不同所造成的挫折。困頓時刻幻化成奇聞逸事，而旅人們會在酒吧興高采烈地交流這些時空物語。

這就是記憶令人驚奇之處——不好的部分、繁瑣的部分、挫折的部分、倦怠感衍生的部分，統統被記憶磨亮拋光。就連我們意識到記憶的這種特質之後，這個作用仍然持續發酵。

回到家鄉，回到先前的生活，我們想到的是旅行的所有快樂回憶，並且拿它來對比無趣的日常。我們回想那些我們盼望永遠不會停息的時光，而那些地方似乎總是把我們朝那個方向拉去。

在為期十八個月的初次環球壯遊中，我有過那樣的美麗時刻。第一次旅居阿姆斯特丹，在泰國麗貝島生活一個月，還有後來的希臘伊奧斯島。在那些時日，我找到了人間天堂。我去到一些在心中留下鮮明記憶的地點，無論現在我在世界何方，它們仍在強烈召喚著我回去。我遇到一些非常投緣的人，他們將帶給我一輩子的陪伴。

我回溯那次旅行的路線，先是曼谷，然後是東南亞各地，接著再回到歐洲。在這個回溯過程中，我開始覺得自己是不是有什麼問題。因為第二次踏上這個旅程時，某種東西似乎不見了。某種難以捉摸的東西。縱然我竭力奔向生命，再度探索遼闊的世界，現實似乎不能與我的記憶匹配，或說無法符合我的預期。滿足感不再那麼強烈。

我又到曼谷生活了一段時間，然後遷到台北，在那裡努力經營部落格，接著我又回到歐洲。在每一次移居過程中，安頓自己的時間竟然比實際旅行的時間帶給我更多喜悅。

「那就像在追逐幽靈，」比爾告訴我。「所有地方都不可能跟過去一樣，每個地方的人都在不斷形塑它。你只是在追逐過往旅行的幽靈，這是你覺得失望的原因。」

比爾是一位知名旅行作家，他在這個領域已經發展了幾十年，我很敬佩他。二〇一〇年夏天，我到紐約小住，期間跟他見了面。我一直憧憬能到這個萬象之都度過一個不可思議的夏季，而現在，由於我的工作讓我享有充分的彈性，我終於如願以償。

比爾這番話的重點是，我們永遠不可能把過去要回來，因為我們不可能把那些人要回來。他們是這一切的重心——那些地方只是附帶因素罷了。

是什麼讓泰國真的那麼特別？是我在那裡遇到的人。麗貝島因為有了約翰和蘇菲雅，所以充滿神奇魔力。

我們都會試圖追逐幽靈。在心智層面上，我們都知道多年前造訪過的地方不可能永遠一樣——沒有人會踏進同一條河流兩次。但在情感層面上，我們仍然想要追尋那份高潮，即便我們必須欺騙自己，才能維持追尋的動力。我們都想重新經歷那種高潮。將自己重新置入記憶機器，刪去所有不良部件，只留下閃閃發亮的元素：新奇的朋友，海灘上的慵懶時光，深入山林探索瀑布，吃一碗美味麵食，飲酒歡歌直到夜深。

每當我跟那些日子認識的朋友重逢，我們都會一起咀嚼那些記憶。我們回想當時分享過的種種綺麗美好、有時甚至足以改變人生的時刻。我們興沖沖地討論要不要一塊回到那些地方，設法重新捕捉那種時光。然而我們真正想要重新捕捉的，是時間中的一個點，而不是地圖上的一組座標。時間之流無法回溯——唯一的可能是做我們現在能做的，由此創造新的回憶。

在許多方面，比爾是對的。我們永遠不可能重新經歷人生中最美好的那些回憶，因為人事物永遠不會一樣。卯足力氣想要重新捕捉過去，只會使情況變得更糟；愈是奮力抓住它，它就愈是逃脫你的掌握，到頭來只剩下失望和懊悔。

可是我向來不怎麼擅長依循別人的建議。於是我無視比爾的忠告，回到那個在紐約激起我們談話興致的地方——伊奧斯。

希臘小島伊奧斯是愛琴海中一方由岩石構成的土地，島上只有一個主要城鎮，如爬藤般沿著山丘向上蔓延，尖尖的山頂則建有一座教堂。這裡有漆成藍色和白色的典型屋宇，狹窄的砌石巷弄，以及小巧玲瓏的店面。蔚藍海水輕拍廣闊的黃沙海灘，引人逐波悠游。群集成小簇的房舍和開發成階梯狀的陡坡從小鎮往外伸展。這整個島嶼儼然是年輕背包客的一方寶地，他們遠道而來，竟日享受陽光，夜夜飲酒狂歡。

二〇一〇年我第一次造訪伊奧斯的記憶深深烙印在我的腦海中。那年我是在五月底抵達的，洶湧的度假人潮還沒出現，我發現那段時間島上的其他背包客大都在找工作。伊奧斯的夏季經濟主要是靠背包客在運轉，他們在酒吧和餐廳工作，換取免費餐飲，賺些錢付房租。

在白天和夜晚輪轉間，我發展出一個相當緊密的朋友圈。其中有位詹姆士，加拿大人，他是位個性溫柔的大眾情人，設法用他的希臘護照儘量長期待在歐洲生活。米契和拜倫在島上一間大酒吧工作，他們是一起從澳洲來到這裡的。提姆也來自澳洲，他在海濱經營水上運動器材租賃，這是他在伊奧斯度過的第五個夏天。法蘭西絲和艾莉絲是兩個蘇格蘭女孩，她們逃離北國的冷涼天氣，到這裡享受艷夏。來自紐西蘭的凱特琳身材高挑，擁有紅棕色頭髮和犀利機智的性格。這群人構成我在島上的核心社交圈。我們都是受到伊奧斯的狂歡名聲、美好天氣和醉人海灘所吸引，不辭千里而來的旅人。

我們的日子有了一套規律：睡到很遲才起床，勉強解除前一晚的宿醉；往海邊移動，吃午餐，聊天，放鬆身心；夜晚來到，我們聚集在提姆和詹姆士住處屋頂的大露台開烤肉趴。每天傍晚，這幫人馬習慣到這裡吃晚餐、喝幾杯酒，然後才去上班。偶爾我們也會邀請其他旅人一起歡樂。稍後整群人會晃進某間酒吧，然後大家逐漸鳥獸散，悄悄轉往各自的上班地點。剩下我一個人以後，我會在各處酒吧之間隨興轉檯，跟特意前來伊奧斯大喝一番的背包客一起玩，而如果我因為連續好幾天晚上縱飲，無法再承受酒精時，我就會返回住處寫部落格和休息。

多數遊客只在伊奧斯島待兩三天。他們會拼命狂歡，累了就坐在海灘上，兩三天後踉踉蹌蹌地重新登上渡輪，就此把伊奧斯從他們的必遊清單上劃掉。我的朋友們和我算是長期待在這裡，他們的旅行計畫是根據工作來安排，我待下來則是因為我找到一群喜歡的人，覺得沒理由一下就離開。在這座大風吹拂的島嶼上，遊客宛如樹葉般飛進飛出，而稍微長居的打算讓我有機會在這裡生一點根。當然，有很多其他人在島上工作，我相信他們也組成了一個個社交圈，不過我們的小集團畢竟是我們專屬的。他們至少暫時成了我的親人。我們朝夕相處，但很少交流各自在家鄉的生活和回憶，而是在歡聲笑語中暢談當下共享的經驗。我們大聊人際間的八卦，為了晚上到哪用餐而鬥嘴，交換書籍相關資訊，爭辯希臘經濟危機相關議題。

二〇一一年，我重返伊奧斯，企圖再次創造那樣的高潮。我即將年滿三十，想找一個我知道能讓我像歡慶二十一歲那樣度過特別日子的地方。我要瘋狂慶生，享受美麗海灘、廉價酒飲，與無數旅人交流。

伊奧斯正是這麼一個地方。

不過，因為惦記著比爾那番話，我帶著忐忑不安的心情回到這個島。我到這裡會不會只是為了追逐逝去的幽靈？我到這裡是為了這個地方，還是因為我希望找回那群死黨？伊奧斯是另一個舒適圈。一個我知道該期待什麼的地方，一個我覺得有歸屬感的地方。我可以到某個新地方過生活，但我知道我在伊奧斯會碰到熟悉的面孔，而這是我想要的。也許我無法重新捕捉舊的伊奧斯記憶，但這不是問題，因為我跟與我共享過那些回憶的人還是會玩得很開心。

抵達伊奧斯以後，我鬆了一大口氣。住在當地的朋友還記得我，他們彷彿把我當成親人，熱情邀我到他們家玩。某天晚上，在青旅的酒吧，法蘭契斯科問我有沒有什麼計畫。法蘭契斯科經營的青旅在伊奧斯是個響噹噹的門號。青旅已經開了好幾十年，不但有自己的泳池，而且離酒吧區很近，所以永遠住滿了人。前一年夏天我在那裡長居時，跟法蘭契斯科和他的太太混得很熟，他們很好奇竟然有人沒到酒吧工作，卻決定在島上停留那麼久。

「你現在有部落格的約或別的什麼事嗎？」

「沒有喔，我只是想去中庭跟大家聊聊天。」

「這樣的話，我打算帶你到山上的修道院參加一個希臘節慶。」

「現在？」我回道。

這時是晚上十點，感覺上辦慶典活動好像太晚了。可是如果人在伊奧斯有什麼第一個該學的，那就是永遠不要對法蘭契斯科說不。他有種威風的架勢，而且在社群中是個重要人物。法蘭契斯科超級擅長把他的指令包裝成禮貌性的問題。

「對，現在。走吧，我開車。」

我們往山上移動。法蘭契斯科高速轉過每一個彎，在黑漆漆的夜色中沿著狹窄蜿蜒的山路飛快前進，把我嚇得不敢張開眼睛。他向我擔保我們很安全，可是我一直害怕車子會衝出路邊往下掉。希臘這種險峻的泥土路竟連護欄都沒有。

「安啦！我一輩子都在開這些路！」他邊安撫我邊給我翻了個白眼，意思差不多是說

「他X的孬種」。

抵達慶典活動現場時，法蘭契斯科把我帶進後花園。一群希臘女人的身影映入眼簾，她們正在清洗一些大碗，附近有幾個巨大的鍋子，裡頭正在熬湯，還有山羊肉在烈焰熊熊的炭火上烤。法蘭契斯科從一堆餐具中替我拿出一個乾淨的大碗，舀了一些湯進去，再放上幾塊羊肉。

「吃吧，味道很像鹿肉。」

我在一張希臘男人圍坐的桌子旁邊坐下，他們把我當火星來的異形般看著我。法蘭契斯科對他們說了幾句希臘語，然後他們露出微笑，比出吃東西的手勢。在他們的注目禮下，我把食物吃得一乾二淨。我是闖入他們世界的一個異邦人，而這些抽香菸的希臘長輩在觀察我嘗試任何端到我面前的食物。

這山羊肉好吃極了。軟嫩多汁，一下就從骨頭上剝離，口感很像羔羊肉。我不知道湯是用什麼材料熬製的，它帶有類似粥的濃稠度，非常美味。麵包質地酥鬆，顯然是家庭手工製成，沾些湯汁送入口中，也成難忘滋味。

喝完湯以後，接下來是葡萄酒，更多麵包，以及各種乳酪——「伊奧斯的喔！」坐桌角一個頭髮花白、戴棒球帽、叼了根長菸的男人說。這柔軟的山羊酪是我吃過最香濃滑潤的乳酪之一。我把整個餐盤的東西吃了個精光，一個柱著枴杖、披黑色披肩、身形嬌小的希臘奶奶停下腳步在旁觀看。

「可以再來一點這個嗎？」我邊問邊把碗裡的食物清光。這種東西是普通觀光客在鎮上不可能吃到的。這碗裡滿滿都是入口即化的羊肉、酥脆的麵包，和香氣四溢的濃湯。

吃完佳餚，又喝了一杯美酒，我離開這群老先生，到教堂前庭欣賞舞蹈表演。樂隊繼續演奏，夜色越來越深，群眾開始散去。從前他們會帶著驢子上來，在修道院過夜。現在大家只待到午夜左右，然後就開車回家。

法蘭契斯科來找我。時間差不多了。「很不錯。你喜歡嗎？」

「很喜歡，這是我在希臘做過最希臘的事。」

「很好，寫篇文章吧。這樣的故事會比你跟其他背包客喝酒的事情有意思。那種東西是胡鬧，這才是真正的希臘。」

我一直避免重新造訪很多地方，因為我害怕會「毀掉」第一次的經驗，結果敗興而歸。舉例而言，在我心中，麗貝島是一個偏遠荒僻的泰國小島，我在那裡結交了幾個一輩子的朋友。回到一個現在已經過度開發、充斥著度假村、擠滿遊客的島嶼，那會是我無法應付的情況。那意味著已經永遠失去樂園了。

然而，在法蘭契斯科載我回青旅的路上，我發現比爾和我錯了。我們真的可以回到某個地方，然後跟第一次一樣喜愛它，甚至比第一次更愛，不過條件是必須帶著不同的意念回去。

假如你是因為期待相同的魔法發生而回去，那麼你注定會失望。你不能播放同一部電影兩次；假如你希望重複放映，你只是在種下失敗的種子。「人」才是真正造就一個目的地的因素；透過某種神奇的並行效應，時間和地點的匯聚激盪出一杯由形形色色的朋友和經驗混成的奇妙調酒。我最珍愛的回憶全都圍繞著出現在那裡的人，以及當時他們給我帶來的感覺。關鍵從不是那個地方本身。地方只是背景而已。

就像選擇過傳統生活的人可能會被工作或貸款綁住，像我這種選擇過游牧式生活的人也可能受到記憶的束縛。我們可能變得非常保護記憶——因為過度害怕玷汙它，於是永遠不再踏上締造那些回憶的地方。不過，雖然比爾說對了一件事——你不可能重新捕捉已經逝去的東西——太拘泥於這樣的看法可能導致我們錯失創造新回憶的機會。

問題不在「地方」本身，問題在我。我錯誤地相信第二次造訪絕不可能重新捕捉第一次。雖然原來的東西可能抓不回來，但我們抓住的可以是某種新東西，而且有屬於它的美好。我們不可能再一次活出相同的時刻，但我們仍舊可以重新造訪一個我們喜愛的地方。重回那裡不盡然意味著追逐過去的幽靈。

我在旅途上游牧超過十年，深知追逐幽靈固然不好，永遠不給一個地方第二次機會同樣不好。我曾經憎惡曼谷，直到我在當地長住。我曾經憎惡洛杉磯，直到我數度造訪那個城市。我曾經不喜歡柏林，直到我第二次前往那裡。每個地方都有太多東西取決於林林總總的因素，因此我們很難根據僅僅一次造訪的經驗，就斷言某個地方很糟糕。同理，我們沒有理由抗拒重返某地的可能性，只因為「萬一第二次感覺沒那麼好，怎麼辦？」

由於擔心玷汙舊有記憶，我差點錯失我在伊奧斯島上拾得的美妙新回憶。倘若當時我決定保護我的玻璃屋，我恐怕永遠不會經歷我在多次造訪希臘期間體驗過的最真純、最深刻、最具啟發意義的時刻之一。

自從那次在希臘的覺醒以後，我陸續重訪了許多地方，但我不再覺得自己是在追逐過去的幽靈。那些屬於第一次的回憶永遠會是獨一無二的。現在我返回某個地方，是因為我想創造新的、更深刻的回憶。因為我要剝開更多層包覆，探進更深層的內裡。

赫拉克利特會明白這點——他畢竟是希臘人。縱使他告訴我們，人不可能踏進同一條河流兩次，他並沒要我們不再踏進河流中。

第十一章

出走只是暫時，旅魂才是永遠

冒險是一條小徑。真正的冒險——自主決定、自我激發，經常充滿風險的冒險——迫使你擁有與這個世界的第一手交會。原原本本的世界，不是你所想像的世界。你的身體將與大地碰撞，而你將親自見證。如此一來，你就不得不跟人類無止境的善意與無底限的殘酷交鋒——然後或許明白，這兩個面向你都表現得出來。這份體悟將改變你。

——馬克・詹金斯[70]（Mark Jenkins）

70 譯註：馬克・詹金斯（Mark Jenkins），美國探險家、作家、記者。與《國家地理雜誌》（*National Geographic*）、《大西洋月刊》（*The Atlantic*）、《背包客》（*Backpacker*）、《戶外雜誌》（*Outside Magazine*）等眾多媒體刊物合作，遠赴世界各地進行探險旅行報導。著作包括《男子漢的人生》（*A Man's Life*）、《地圖之外：西伯利亞單車紀行》（*Off the Map: Bicyling across Siberia*）、《奔赴廷巴克圖：尼日河之旅》（*To Timbuktu: A Journey down the Niger*）、《千辛萬苦：一些關於危險、生存與冒險之魂的故事》（*The Hard Way: Stories of Danger, Survival and the Soul of Adventure*）等，曾多次獲文學獎及新聞獎肯定。

你會怎麼描述你的人生？三言兩語能夠涵括那其中的所有高低起伏、快樂悲傷嗎？

當人們問我我有多喜歡旅行時，我能給的全部答案是：「我超愛的，真的很棒。」

要想說明那所有高潮、低潮、喜悅與挫折，會需要無數個小時的交談。甚至就連這麼做也只是徒然而已。懂的人不需要你說明；不懂的人，不曾感受過旅途的巨大引力，也不曾睡在充滿汗味和陌生異鄉人的青旅房間——你說再多也沒用。這個問題需要的是一個簡短的答案，真實則必須透過經驗才能窺見。

旅行用那麼多不同情緒激盪你，以至於後來你變得有點麻木。新的景觀、氣味、情況和人物持續不斷地轟炸你，而消化這一切需要很多時間。

但是，當你在旅途上接受各種感官刺激的交叉射擊時，你卻忘了你有一個如影隨形的旅伴：時間。

忽然間，某天你醒來時，發現十年已悄然流逝。你年歲漸長，不再睡青旅的宿舍房。你變得珍惜睡眠。你不再跑吧，因為宿醉不再只是流連到隔日午餐時間，而是連續兩天大喇喇在你眼前縈繞。你不再在乎多認識一個二十三歲的背包旅人。無論如何，你的朋友早已多到難以追蹤。

沒有人告訴你人生會改變。這件事就這樣發生了。慢慢地，隱微而狡詐地。

與我最初決定離開時的情況不同，在過去這十年中，不曾有任何決定性的時刻讓我忽然告訴自己：「對，現在我不一樣了。」那是一個逐漸演變的過程。一步一腳印地將自己往前推進，然後縮回舒適圈，接著再度推動自己向前。改變以無法察覺的方式發生，直到最後終於累積了足夠的變化，於是當我望向鏡子時，我看到的是一個不同的生命體。

某天，我發現自己變成了旅行作家。某天，我發現自己在台北的一間酒吧帶著足夠的自信朝一個女生走去。某天，我發現自己在做過去從沒想過自己會做的冒險運動。某天，我又覺得受夠了一切。恐懼與冒險不斷拉扯，對旅行和自由的欲望與對定居某地以求財務安全的需求持續糾結，這一切改變了我。

它改變了我的旅行方式。我需要放慢行腳，而且在二〇一一年我跟海蒂之間那聲警鐘之後，我不想再旅行得那麼多。人生變成浮士德[71]式的交易。我要不是旅行，要不就工作；

71 譯註：浮士德（Faust）是一個德國經典傳說的主角，故事原型為真實存在的鍊金術士和占星家約翰．格奧克．浮士德（Johann Georg Faust，約一四八〇—一五四〇）。傳說中的浮士德學識淵博、事業成功且精通魔術，但他對生活不滿足，於是與魔鬼交易，出賣自己的靈魂，換取無盡的知識與享樂。「浮士德」這個詞彙常被用來比喻野心人士為求眼前的權力與成功，不惜犧牲道德操守。許多文學、音樂、歌劇、電影或漫畫作品以這個傳說為創作靈感，例如十六世紀英國劇作家馬羅（Christopher Marlowe）的《浮士德博士的悲劇》、德語系文豪歌德的《浮士德》、白遼士的《浮士德的天譴》、李斯特的《浮士德交響曲》、古諾的《浮士德》等等。

當我兩個都要時，我反而在任何一邊都得不到快樂。我沒能給我的兩個愛（沒錯，我是真的很愛我的工作）它們應得的關注，這種情況使得所有事情都受到牽連。於是我會減少觀光，在每個旅行目的地待上比較長的時間；不過我還是會讓自己停工很多天，而且經常是連續放假，希望這樣能把啃噬我內心的不快樂「修理好」。假如這一切聽起來有點像憂鬱症，我也沒轍，只能說我不是醫生，但也不是傻瓜。

我打造了一個以游牧旅人身分為核心的事業，而雖然旅行疲乏以越來越高的頻率發生，我似乎無法離開旅行的路途。我會持續移動，因為旅行是我的本色。我的自我認同與我身為游牧旅人的概念緊密相關。在旅途上，我覺得自己像個皇帝，然而皇冠沉重，我似乎又日益感覺頭頂壓抑。原本我可以旅行好幾個月而不覺得疲乏，現在卻只要幾個星期就會出現這種狀況。

這導致一個內在的危機。

旅行是我最熱愛的事。當我感覺沮喪或沉悶時，我會再度上路，這個循環周而復始。在家鄉覺得無聊？那就兌換一些哩程，到冰島跑幾個星期。不然就去加勒比海駕船航行。我會跟我想交往的女生說我不會走很久——頂多幾個星期。可是後來幾星期變成幾個月，等我終於回來時，她們已經無影無蹤了。

我是一艘在滔天巨浪中劇烈擺盪的船。我沒有方向，沒有航道能依循。但是，二〇一二年開始，我留意到人生已經變成各種性質殊異的目標相互較量的戰場。我一直試圖過太多種生活：旅行者、事業主、紐約客。

我的壓力如山大。我必須不斷操弄這幾股不同的人生衝力，這令我身心俱疲。我再也不知道該怎麼處理這一切，年歲的流逝已經造成難以彌補的損害。

二〇一二年初，我開始意識到，雖然我不是在傳統意義上遁逃，像有些人那樣為了擺脫一成不變的日常而出走，但我的確沒有朝自己想達到的目標前進。

我終於完成了書稿。在前往曼谷跟莎曼沙見面前，我到竹島做了一趟旅行，那是柬埔寨的一個小島，搭船十分鐘就能抵達。島上只有十間小木屋，沒有網路、電力只從上午六點供應到晚間十一點、沒有熱水、沒有電扇。只有你，沙灘，一本好書，還有屈指可數的其他人。

我跟兩個英國朋友一同前往，他們認識那個小度假村的經理。經理開了個「暖屋趴」，慶祝一棟新的木屋落成。只有他，現場員工，還有我們這幾個人參加。待在那裡的最後一晚，我看了一部關於旅行的影片，《星期六的獨白》（*A Map for Saturday*）。影片快結束時，片中受訪的行旅者逐一談到返鄉的心情和他們的失落感，這時我哭了起來。不，「哭」不足以描述這種感覺。我啜泣了。

生平第一次，我覺得我的旅行生活真的要結束了。不像從前，這次我將真正歸鄉，不會有回來的計畫。

我走出小木屋，到沙灘上坐下。

我望向大海，任憑淚水在臉上奔流，想起這些年從美國迂迴來到柬埔寨這片海灘，這一路走來的無盡往事。在遙遠的天際，月亮和星星使波浪晶瑩閃爍。沒有海風，這又是個柬埔寨的炎熱夜晚。儘管太陽早已隱沒好幾小時，空氣仍舊因為潮濕而凝重懸浮。

在外旅行六年後，我要回波士頓的故鄉了。重新找房子，買家具、付帳單、塞車，還有時時想著車子要有足夠的汽油。我的未來將充斥著巡迴簽書會、演講、工作、交稿期限。責任又悄悄潛入我的生活。

經過那麼長的時間，我還能重拾例行公事般的生活嗎？那會不會像很久不曾騎腳踏車以後重新踩動那對踏板？**例行公事**——多可怕的一個詞彙。對我而言，這種感覺如同死去。自由、冒險，以及這些年我熟悉的生活方式，統統結束了。

在我後方，我可以聽到其他旅人飲酒作樂，在歡聲笑語中打造新的回憶。然而對我來說，蒼海已成桑田，面對這殘酷的事實，淚水在潛藏多年後第一次奪眶而出。彷彿嬰兒嚎啕大哭般的洶湧淚水。

「你還好吧？」

我抬起頭，看到一個我認不得的女孩矗立在我旁邊。「要不要跟我們一起喝一杯？」她用聽起來有點北歐口音的英語問我。「全度假村好像只有你不在酒吧。」

「下星期我就要回國了，現在我只想一個人安靜一下。這種事不容易處理，妳懂吧？一切就這樣結束。」我揚起雙手說。

「是啊，如果是我，我也會很傷心。你旅行多久了？」

「六年。」

「我的老天爺！真的很久欸！我這次旅行是一年，現在第八個月了。六年想必非常不可思議！」

「的確是這樣，」我停頓了一下。「……我一生中最精采的時光。」

「我無法想像出來這麼久以後回國會是什麼感覺。」

她的口吻中帶著幾分同情。

對放諸四海的行旅者而言，沒有什麼比歡樂告終、社會壓力回返更可怕。每當有人告訴你他要回國了，你會用手拍拍他的肩膀，說句「我很難過」，彷彿你在悼念一個陣亡的戰友。你離開原本看似無止境的華麗冒險，離開這個你自己當船長掌舵航行的地方，投身「真實世界」的桎梏，回到那個我們都曾奮力擋開的世界。

我們靜靜地坐了幾分鐘。

「好吧，如果你想加入我們的話，你知道路怎麼走。克里斯又要放那首炸雞歌[72]了，」她起身說道，一場短短的同情派對就此告終。

「好啊，謝謝。我只是需要多幾分鐘，」我在她轉身離開時說。「待會也許過去。」

不能持續不斷地生活在旅途上，這或許也不是太糟的事。我的壓力甚至可能因此減少：我會過著自己打造的朝九晚五生活，不需要工作時可以隨時休假。我會再度遠行——旅行並沒有結束。

這是我在接下來的日子裡一直在腦海中給自己做的精神喊話。我從曼谷飛回美國，然後因為想住在比波士頓大的城市，我決定遷居紐約市。我租了房子，買了床，打開大背包，把衣服掛進衣櫥，把冰箱裝滿食物。

二〇一三年春天，《一天五十美元環遊世界》的巡迴宣傳活動結束以後，我到歐洲跑了幾趟，在維京群島一帶航海旅行，然後在冬天回到東南亞。放慢腳步的生活比我原先以為的更困難。每當我覺得無聊或雙腳發癢，我就會找個藉口離開紐約。經常空空如也的冰箱見證了我瞬息萬變的本質。

隨著二〇一四年到來，我發現自己已經過起兩種生活：行旅者的生活和紐約客的生活。我三不五時離開這個城市，並且設法合理化接二連三的行程，說那不是旅行，而是「出差」——我必須那樣一直跑，才能確保部落格順利經營。我周遊四海，再度跟旅行談戀愛，再度陷入疲乏症候群。我出走得愈久，或者說出走得愈頻繁——我難以分辨到底是哪一個——我與旅行愛恨交織的關係似乎就演變得愈難梳理。

我在二〇一三年和二〇一四年過著兩種並行的人生，直到二〇一五年我的朋友史考特過世，我才忽然發現我過日子的方式使我無法真正享受其中任何一種生活的好處。

我不記得是什麼時候認識史考特．汀斯摩爾（Scott Dinsmore），不過就像我許許多多的「現代朋友關係」一樣，我知道我是在哪裡認識他的：網路。史考特經營一個叫「活出你的傳奇」（Live Your Legend）的網站，它的宗旨是分享如何做自己喜愛的事。在若干年間，我們的友誼在交流過程中與日俱增，因為我們同樣熱愛旅行、創業、幫助他人、美好

72 譯註：《炸雞》（*Chicken Fried*）是美國鄉村音樂樂團傑克布朗樂隊（Zack Brown Band）發表於二〇〇八年的歌曲，部分歌詞如下：「你知道我喜歡有炸雞／和冰啤酒的星期五晚上／穿上恰恰合身的牛仔褲／收音機大聲放／我在喬治亞的松樹下長大／你知道那就是我的家……」（You know I like my chicken fried / Cold beer on a Friday night / A pair of jeans that fit just right / And the radio up / Well I was raised up beneath the shade of a Georgia pine / And that's home you know...

的調酒，還有泰勒絲（Taylor Swift）——我們都是她的超級粉絲。

跟我一樣，史考特也有過徹底轉變人生的旅行經驗。他因為申請夢想中的工作碰釘子，決定出發遠行，前往西班牙參加奔牛節活動。原定七星期的旅行變成一年；史考特說那個經歷改變了他看待世界的方式。「西班牙人把享受生活看得比錢重，這讓我領悟到人生不一定要像在美國那樣活，」他後來寫道。「探索世界、尋求有意義的冒險和個人極限考驗，很快就成為人生的極大部分。」

形塑我個人旅行觀的，正也是這種轉化性的人生經驗，因此史考特和我惺惺相惜絕不是巧合。後來史考特非常訝異地發現，很多美國人表示他們渴望放棄現有工作、開啟全新生活，於是他創辦了一家生涯訓練公司，幫助大家找到富於挑戰性而能充實自我的工作。他的TEDx演講《如何找到你熱愛的工作》（*How to Find Work You Love*）獲得將近三百萬人次觀看。史考特的人生充滿精彩的旅行和充實的工作，他從中擷取到的功課引發無數人的共鳴，當然也特別令我心有戚戚焉。

我們經常會在演講會的場合碰面。我們各自都很忙碌，生活難以重疊，不過每回我到了舊金山，我們總會見面共用早餐。我很驕傲有他這麼一位朋友。

二〇一五年初，史考特和他的妻子雀兒希亞把所有東西賣掉，扛起大背包，出發遊歷世界。我們常常透過網路交談，他三不五時就會請我提供各種建議和點子。

「我們該到哪裡才會有好天氣？八月去摩洛哥會不會太瘋狂？中歐有什麼好地方可以待一個月？」

在他試圖征服世界的過程中，我覺得自己好像他的軍師。

於是那天當我打開信箱，看到一封郵件通知我史考特過世的消息時，我宛如晴天霹靂。郵件內容說他出了意外，但細節不清楚。

後來我才知道，史考特是在爬吉力馬札羅山的路上遇難的。那是他和雀兒希亞攻頂的最後一天，一行人走了一條平常沒人走的路。登山公司決定採用一條不適合新手的路線，結果發生了土石流。尖叫聲四起，眾人無處躲藏。史考特被一塊滾落的大石擊中，短短幾秒鐘，一切就結束了，沒有人能做什麼。

我一直想知道他在生命的最後一刻想到什麼。當一塊大岩石朝你轟然而下時，你會做什麼？史考特做了什麼？是不是在恐懼中全然僵結？是不是跑錯了方向？他會不會根本不知道發生了什麼事？

我又看了一遍郵件。我打電話給朋友。我哭了。我不斷希望那就像是電影情節——所有醫生都搞錯了，他會忽然活過來，然後我們會異口同聲說：「你讓我們擔心極了！」

可是人生不是電影。史考特不會回來。

史考特永遠是那麼快樂、健談、精力充沛。如果你問他他過得怎麼樣，他幾乎總說九十分或一百分。他擁有一種獨特功力，能讓人因為一些最不足為奇的事物感到全身振奮。

他消失得令我措手不及。在他的最後一則部落格貼文中，他談到自己如何在工作與擺脫框架的欲望之間掙扎。他說，「我差點決定不要訂這趟坦桑尼亞之旅，因為我覺得自己不能（或不應該）離開。這是多荒唐的事？錯過一個我已經談了那麼多年的冒險旅程——只因為我說服自己不能關掉網路。或者更坦白地說，因為我無法找到出發的勇氣。」

我在史考特的一番話中看到一個過去我不曾看到的自己。他意識到，永遠連網的狀態會導致他和他的社群雙方都產生不切實際的期望。而這正是我現在的情況。我們不應該一直掛在網路上，持續連網的狀態既不健康也無益於生產力。難怪我一而再再而三地感到身心俱疲。我們需要下線，到現實生活中跟人互動。

史考特去世之後那段時間，他的妻子雀兒希亞曾告訴一名記者，他真正做到從萬事抽離這件事了。「他在我們倆這輩子去過最美麗的地方之一離開了我們。他好開心，他脫離了一切，只擁抱大自然和我。」史考特的父親說：「在史考特三十三年的短暫人生中，他活得比多數人一輩子更多。」

他的消失無疑是一場悲劇，但那個句點終結的是一個如梭羅所說「刻意」活出的充盈人生。

史考特的逝去使我對我人生的許多面向拋出質問。我在拿我的人生做什麼？這一切為的是什麼？史考特用人間最大膽的方式走過了生命，一路上激發了很多人的靈感。我自己也在試著用某種方式做同樣的事；但史考特的死提醒我，無論我們做了什麼計畫，都應該慎重看待它。

史考特才剛展開他的追尋之旅，就忽然離去了。倘若他還在人世，他會要我停止拖延，立刻行動。

這個人生時刻讓我有機會好好審視一個已經讓我苦思好一陣子的想法：人不能永遠遁逃。我再怎麼不願意承認，事實證明我是錯的，而其他人都說對了。我的確是在遁逃。我既要捕魚，又要得熊掌；到頭來，我最熱愛的事——旅行——卻成為苦惱的泉源，使我無法真正成為我想成為的人。

就這樣，我在史考特的感召下，終於決定做一趟我已經夢寐以求很多年的旅行：縱橫東南亞和南美，完成最後一次壯遊。我要再一次嘗試把旅行這件事消化完畢，或者至少藉此證實，不管我喜不喜歡，我就是個注定要永遠上路的游牧旅人。

我需要找出自己是什麼人。我需要最後這麼一個浩瀚旅程。我需要釐清，需要設法找到平衡，與自己和我真正想要的東西達成和解。旅行曾經為我做到這件事，這次它或許也能辦到。

我需要一個訊號。

結果我在最出乎意料的地方找到了。

第十二章

曙光

經過多年的磨難，我們發現不是我們在成就旅行，是旅行在練就我們。

——約翰．史坦貝克[73]（John Ernst Steinbeck, Jr.）

愛情像個失落已久的朋友，在二〇一五年又來造訪我。是那種會讓人重新思考人生方向的愛情，那種愛情會帶來種種關於家庭、休旅車、自家庭園和白色圍籬的想像。

73 譯註：約翰．斯坦貝克（John Ernst Steinbeck, Jr.），一九〇二—一九六八，美國作家，一九六二年諾貝爾文學獎得主。史坦貝克擁有「美國文學界巨人」的美稱，他的文字融合想像與現實、幽默與社會批判，故事場景大都設定在加州中部，經常探討（落魄人物或平凡百姓所遭遇的）命運和不公等主題，著名作品如《憤怒的葡萄》、《伊甸之東》、《人鼠之間》等都被視為西方文學經典。

我在寮國的龍坡邦。酒吧都打烊以後，背包旅人們紛紛轉往附近的保齡球館。寮國酒吧之類的娛樂場所理論上應該在晚上十二點打烊，不過當地貪汙盛行，市區的保齡球館花錢收買地方官員，所以午夜過後還可以繼續做生意。由於那是唯一還營業的地方，所有人都往那裡集中。

我正在吧台點飲料，這時有個人朝吧台走來，站在我旁邊。

「你是游牧馬哥，對吧？」

「是欸。」

「我超喜歡你的部落格，我在這次旅行中已經參考過很多次了，」他邊跟我握手邊說。「我們這群朋友裡頭有個女生也很喜歡，不過她不好意思直接說。其實是她先注意到你的。有機會的話，過來聊幾句吧！」

我往那邊張望一下，看到一個金髮女孩坐在角落。

「好喔，等等也許過去，謝謝。」說完，我抓著我的酒回去找我的朋友。

回到我坐那桌以後，周圍所有人正聊得興高采烈。我沒有加入任何一群人的談話，自顧自地喝酒，後來開始覺得無聊了。他們說著我不懂的語言，而我沒有特別的理由想打斷他們，請他們改說英語。我轉頭看那個男的和他的朋友，然後起身往他們那邊走去。

我跟剛才到吧台那個人再打了一聲招呼，然後向他的朋友自我介紹。

「我是馬修。」我說。

「我知道。我是夏洛蒂。」她回道

我笑了起來。「呵呵，妳朋友說妳認識我。想必是看我的格子看到眼熟了吧？」

我繼續問道：「妳是美國人嗎？從哪裡來的？」

「是啊，芝加哥來的。在寮國的酒吧碰到你蠻好玩的，世界真小。」她有點笨拙地擠出最後這幾個字。

五呎七[74]的身高，一頭長長的金髮，栗色眼睛，臉上長了雀斑。這個模樣有點傻笨的女生一下就令我著迷不已。我不知道世界上有沒有一見鍾情，不過我這輩子最接近相信這東西存在的時候，就是我跟她正式打照面這一刻。我無法把目光從她身上移開。

我們整晚聊個不停，從各自的旅行經驗深處挖掘話題：我們是怎麼來到寮國的，她是怎麼決定辭掉工作的，先前她在紐約工作和生活的情形，我去年夏天在那裡的生活，我們喜歡什麼，不喜歡什麼。

夜晚結束，所有人走回市中心在主廣場道別，留下我們兩個待在那裡不知如何是好。

74 譯註：約一七四公分。

「明天我們一起去看一些寺廟，還有在市中心逛逛，怎麼樣？」我說。
「好啊，聽起來不錯，」她回道。
「早上九點？這樣會不會太早？」
「不會，沒問題。我還沒做很多觀光，所以這樣很好。你也可以幫忙我拍些影片。」
「太好了，就這麼說定！」我笑容滿面地說。
我們之間有種尷尬的沉默。在沉默中，你不知道是否應該傾身向前給對方一個親吻，還是簡單說個再見就分開。
「豁出去好了。」我心想。我向前給了她一個親吻。
她回吻了我，然後往後挪開一步。
「哇，我有點沒想到，」她說。「不過沒關係。」
她露出微笑。
我又放膽吻了她一下，然後陪她走回她住的民宿。
「早上見嘍！九點對吧？」
「好，就這裡見！」
我再次傾身向前，我們熱情深吻，彷彿無止無盡。最後夏洛蒂終於掙脫身子，說了句晚安，然後走進民宿。我快步回到旅店，躺進睡鋪，可惜沒能睡好。

睡到一半時，胃部一陣劇痛猛然讓我驚醒。我看了一下時鐘，才凌晨三點。我很肯定一定是先前吃的雞肉串燒。那時我就覺得味道怪怪的。破曉時分，無庸置疑的食物中毒效應在我筋疲力竭的身體中大肆流竄，這時我唯一想到的是我沒有任何辦法連絡夏洛蒂，告訴她我已經被路邊攤的小吃搞得死去活來。可是我也絕不能放她鴿子。沒有人知道這份關係會發展到哪裡，不過如果我不現身，不說明理由，那就不可能有任何發展。於是我掙扎著起床，進浴室沖了個澡。我猛灌了一瓶水，梳好頭髮，刮了鬍子，穿上乾淨的衣服，設法讓自己顯得身體健康、精神抖擻。

我花了一些時間才找到夏洛蒂的民宿。那是大街旁的一條巷子，白天看起來很不一樣。找到以後，我走進去東看西看，夏洛蒂不在那裡。這時距離九點還有幾分鐘。我站在前廳的時候，接待台的小姐用奇怪的眼神打量我，我只好走到外面繼續等。

九點過後幾分鐘，她終於出現在門口。「抱歉我遲到了，」她說。「我有點宿醉，剛才起得晚了。」

「沒事，我自己也不是很舒服，」我們擁抱打招呼時，我說。

我們走到市中心的主要廣場，跟街頭小販買了奶昔。這是所有來到這裡的遊客必喝的飲料，便宜、健康而美味。一杯在手，夫復何求。

我們在攤位前面找了一張小塑膠桌坐下，話匣子一打開又聊個沒完，不知不覺就過了一個多小時。時辰已經不早，我們趕緊起身開始觀光，先是參觀附近的一座廟宇——邁佛寺。這座位於市區主要幹道的寺廟建於一七八〇年，擁有複層屋頂，火紅色的屋瓦與金光閃閃的裝飾相互輝映。

我們在這座寺廟的寬闊庭園漫步，這時不幸的事發生了。

「呃，啊，夏洛蒂，我覺得有點想吐，妳幫我拿一下，」我把還沒喝完的奶昔遞給她。「真不好意思……我只是……我想……我馬上就回來，」說完，我設法飛奔離開寺廟園區。

還沒跑幾公尺，我就跪在地上，把肚子裡的奶昔吐在庭園的地上。我相當確定寮國的佛寺不是建來接納這種奉獻的，所以我火速衝到街上把東西吐完。我從包包拿出紙巾，把嘴巴擦乾淨，然後到附近的廁所稍事清洗。重新鎮定以後，我走回夏洛蒂身邊，她還驚慌失措地站在那裡。

「真的很抱歉，我想我昨天晚上吃了不該吃的東西，」我漲紅了臉說。「真的很不好意思，這是我這輩子碰到最尷尬的事情。」

她把我的奶昔還給我。

「你要不要回去？」

「不需要，我沒事。現在覺得好多了。我只是不應該把這麼濃的奶昔喝進肚子裡，」

我說。「我以為喝了會比較好。我整個晚上肚子都很痛，應該是昨天的晚餐造成的，因為不是酒喝太多那種不舒服。」

「你如果身體不舒服，為什麼還跑出來？」

「因為沒辦法連絡妳啊。我不想讓妳覺得我是個渣男，只因為昨天晚上我們沒有進一步，就隨便放妳鴿子。我也不想讓妳以為我昨晚提議一起出遊是為了騙妳上床。今天我是真的想跟妳一起走走。」

她笑了。

「我可能真的會那樣以為喔！」

「我們是不是應該在別人注意到我在這裡嘔吐以前趕緊離開？想必這是很褻瀆神明的事。」

「是啊，這樣大概比較好。」

我們互相報以微笑，走出寺廟範圍。我向小販買了一瓶水，把口中的異味清掉，然後重新補充水分，才能好好走完行程中的其他地點。首先是王宮，現在這裡變成一座紀念館和歷史博物館，展示寮國還是王國時的歷史和文物。接下來是市區中央的大山丘──普西山，一路爬到山頂的充西寺，這裡可以鳥瞰整個龍坡邦、湄公河景緻和遠處的叢林。

參觀完充西寺以後，我們簡單吃了湯麵當午餐（這個時候我的肚子頂多能應付這種食物），然後趕回我住的民宿，刷牙、拿行李。我得搬到河邊的一間旅館，因為這間民宿老早已經被訂滿了。新的旅館是一棟美麗的建築物，房間以柚木裝潢而成，有陽台、衛浴、空調和電視。這對多數人來說也許沒什麼大不了，但對一個大都睡每晚五美元青旅臥鋪的背包客而言，這間每晚要價二十美元的旅館堪稱豪華皇宮。走進房間時，我可以看到夏洛蒂把眼睛張大，我知道她正在跟我想一樣的事：**這個我可以習慣！**

隔天我們去參觀千佛窟。我們參加了一個旅遊行程，在市區附近的河邊上了一艘長尾船，沿著湄公河上行到帕烏，那裡有超過四千尊佛像矗立在河邊的一連串洞窟內。對當地人而言，這些洞窟是很重要的聖堂，我們看到很多民眾在燒香拜佛。從龍坡邦溯游而上到這裡需要兩個小時，剛好讓我們輕鬆度過河上的一天，沿途盡情拍照，回程時享受兩岸叢林傳來的奇妙聲音。

我們邊喝啤酒，邊欣賞河面上的夕陽。「妳何不過來住我的房間？」我問她。「這樣可以節省一點住宿費。」

「不知道欸，」她說。

我們才認識兩天兩夜，不過旅行會加快戀情的速度，而由於我不打算停止見她，我覺得這樣的提議是合理的。不過夏洛蒂告訴我，她還沒完全走出前面一段感情（那是促使她做這趟旅行的重要因素），現在還在療傷，所以沒準備好在情感上重新跨出那麼一大步。

他們在一起整整十年——那是她唯一認真交往過的男友——最後對方還是劈腿了。

「喔，妳自己決定，總之我的房間都訂好了。」

第二天早上，我們躺在我的床上時，夏洛蒂面帶靦腆而尷尬的微笑看著我說，「糟糕，我忘了延長我的住宿日期，看來這下得搬來跟你住了。希望這樣不會很古怪！」

「夏洛蒂，」我笑了一下說，「我們在一起一直都很古怪啊！這就是我們處得來的原因！」

她笑著表示同意。

本來預計在龍坡邦待兩三天，現在變成一個星期。這個地方看完所有重要寺廟和上游的佛窟以後，就沒有太多事情好做，不過有了咖啡館、美麗的夕陽和引人沉睡的宿醉，超出預定行程在這裡繼續晃遊是很容易的事。

況且，由於夏洛蒂和我做的都是網路工作，白天我們有很多事情可以忙。我們會起床，吃頓可口的早餐，找一間氣氛不錯的咖啡館工作，在市區溜達，回房午睡，輕鬆休息。我們重新造訪一些寺廟、瀑布和酒吧。

不過我們終究還是得互相道別。她得前往清邁參加水燈節，泰國人在那裡歡慶新年，讓數以千計的天燈升向天空，以此祈福。我打算跟幾個特地來看我的朋友繼續探訪寮國。

夏洛蒂走了以後，我們保持密切連繫。每天結束時，我們都會互相通話或用臉書視訊。我們計畫在曼谷重聚。我租了一間Airbnb，然後到機場接她。我欣喜若狂，覺得難以置信。她真的活生生出現在我眼前。她沒找到離開的理由，我也沒找到跑走的理由。很久以來，這是第一次有人喜歡我跟我喜歡她一樣多，而且我沒有因為太需要對方或過度沉溺於工作而把關係搞砸。

夏洛蒂是我心目中的完美女人。我在其他我約會過或交往過的女人身上曾找到一些跟她類似的元素，但那些東西從來不曾全套同時出現，而我一直拿這點向自己解釋為什麼我單身了那麼久。

不過真正的事實是，我從來不曾真正想要有女朋友。我喜歡女朋友這個概念——一個可以跟我一起探索世界的人，一個他愛我、我也愛他的人，能在我這不斷衍生變化的生活方式中成為一個穩定的常數——可是實際上，正如莎曼沙的推斷，我並沒準備做出對長期伴侶關係的承諾。旅行是我最大的愛。我沒準備好被綁住，我不打算把自己呈獻給某種嚴肅而長期的東西。旅行使人很容易就能避免做出許諾。旅行讓我從來不必靠得太近，或在情感上太容易受傷。

但是現在，在曼谷，夏洛蒂坐在我身邊時，我覺得自己終於準備好縱身一躍了。

愛情似乎總是發生在最沒有預期的時候。我在這趟旅行中完全沒打算尋求愛情，我只是要追尋自我的平靜，思考自己在人生中想要什麼。

我在夏洛蒂身上找到了那份平靜。她讓我知道其實我想安定下來，她讓我覺得我終於準備好了。在她的眼眸中，我看見了未來。

她飛回澳洲前在泰國剩下的所有時間，我們都在一起度過。她要去澳洲打工度假，就像每年前往澳洲的成千上萬背包客一樣，在那裡工作一段日子，賺錢旅行。

十二月那個命中注定的早上，她離開了我，而我從不曾為了任何一個女孩感到如此難過。雖然我當時沒這麼告訴她，因為我害怕會把她嚇跑，不過我知道我已經墜入情網。我不記得自己曾像這樣愛過任何一個人，眼看著她走遠，我整個人彷彿被完全擊潰。

她離開以後，我需要改變想法，不能天天惦記著她，於是我前往一個很久以來我一直想去的地方：依善地區。雖然過去十年來我屢次造訪泰國，但還不曾有機會去那裡。我最初的計畫因為後來當了老師而泡湯，後來每次來到泰國，總有什麼力量把我吸引到其他地區。

依善地區至今仍是泰國境內遊客最少的地區之一。旅行者不是在前往寮國的路上匆匆經過這裡，就是完全略過依善，直攻拜縣[75]、清邁或南部各處島嶼。

那些地方我都沒意見。

至於依善，這片土地上大都是農田、村落、建築缺乏特色的城市，以及辛辣而美味的料理（我在那裡吃了一些泰國最棒的食物）。來到這種地方，旅人可以脫離一般遊客的動線，看看不受觀光業汙染的道地泰國民間生活。

我騎腳踏車倘佯在景色優美的鄉間，穿越稻田、農莊和小鎮，沿著泥土路前行。我參觀了一些古老的高棉寺廟，每到一處，總是那裡唯一的西方人，引來成群泰國小孩向我投以怪異表情。我參觀了國家公園、塵土漫天的村莊、不可思議的地方市集；在烏汶叻差他尼[76]，我用餐時碰到一群當地教師，他們還帶我去打了羽毛球。

這一切都非常美妙，但沒有夏洛蒂在身邊，感覺還是不一樣。我想跟她分享這種種樂趣和喜悅，每天都在數著與她重逢的時刻還有幾天才會到來。

我們繼續天天通話。我會回到旅店工作，然後跟她談天。我們會聊每天的生活，為對方的笑話開懷大笑，討論時事，或是連續好幾小時一塊做起人生的白日夢。每次這樣交流，我都覺得她彷彿就躺在我的枕邊。

我把我們的整個未來都規劃好了。我會在峇里島跟她見面，一起過新年，然後回美國，到《紐約時報》主辦的旅展演講，接下來造訪南美洲，然後再陪她一起前往澳洲和紐西蘭。六月份，她哥哥結婚的時候，她又會來美國，我們會在美國到處走走，她會在我參加室友婚禮的時候當我的女伴，然後我們會一直繼續旅行，永遠過著幸福快樂的生活。

我們在峇里島見面過新年時，感覺上好像不曾分開過。每一天都充滿神奇的晚餐、出海航行的遊程、海灘上的悠閒時光、緊擁對方的夜晚。最後一天晚上，我們穿著浴袍待在旅館房間，邊聽爵士樂，邊享用客房服務的餐飲。我們躺在床上，深情凝視對方的眼睛。

「我愛妳，夏洛蒂。」

「我也愛你，馬哥。」

那麼多年來，我第一次說出這句充滿宿命氣息的話，我說得字字真心，而對方也以同樣的話語回報。

75 譯註：拜縣位於泰北夜豐頌府東北部，周邊與清邁府和緬甸撣邦交界，文化與緬甸撣族近似。這個多山地區景色優美，被稱為泰國的瑞士，深受國內外遊客特別是年輕人的喜愛。其中拜鎮尤受背包客青睞，也吸引無數嬉皮前去朝聖。

76 譯註：依善地區最大的城市之一。

「不要來這裡，」夏洛蒂說。「這裡超級無聊，你會不喜歡的。你乖乖到南美洲去，之後我們再見面。」我還在美國準備前往南美洲時，其實很想放下一切，直奔澳洲找夏洛蒂，但她屢次這樣告訴我。

「我很想跟你見面，但是我每天就只有工作，你會很無聊的。」她說得沒錯。她仍然在澳洲的同一個小鎮工作，而對我而言，那裡唯一的景點就只有她。

況且我一直想到阿根廷看看。那是一片充滿美食、美酒的土地，還有令人驚嘆的湖泊、冰河和高山。那是艾薇塔[77]（Evita）出生的地方。歐洲文化和南美文化在那裡交融，布宜諾斯艾利斯被稱為「南美洲的巴黎」。所有人都對阿根廷津津樂道，但奇妙的是，我在八年的旅行生涯中，竟一直不曾有機會去到那裡。我不能錯過這趟旅行，於是我暫時擱置浪漫愛情，搭上往南南東飛行的班機，而不是飛向西南西方。

布宜諾斯艾利斯就像所有人說的一樣神奇……但神奇的感覺只維持了兩天。然後我的腦袋又撐不住了。

試圖遁逃的結果永遠都是這樣：你的各種情感會跟著你上路。它們會把自己縫進你背包的所有縫隙，然後像鉛錘般沉甸甸地掛在那裡；當你背著大背包在一個個美麗地方之間移動時，它們會狠狠地讓背帶嵌入你的肩膀。在這趟旅行中，一路糾纏我的不只是我因為沒有夏洛蒂陪伴而感受到的悲傷，還有來自工作的巨大壓力——「游牧馬哥」成長為每月造訪人數高達百萬的網站以後不斷累積的工作。有些人只是要求我增加更多內容、提升使用經驗的品質，但隨著我藉由網站生財，創設品牌商店、提供旅行相關課程，很快就出現非常大量的繁瑣業務和技術性工作，而對於一個旅行網站經營者而言，那恐怕是距離旅行（甚至是距離旅行相關書寫）最遙遠的東西了。無論我怎麼做，其他一切都受到牽連，於是我彷彿陷入難以自拔的無底洞。

過去一年間，我開始因為持續工作過度而飽受焦慮困擾，而且焦慮感來得越來越急遽。我覺得自己再也無法在旅行和安定這兩股欲望之間取得平衡。我的眼睛開始跳動，我坐下來工作時開始變得躁動不安，我需要服用安必恩（Ambien）才能入睡。

---

77 譯註：艾薇塔（Evita）意為「小伊娃」，是阿根廷前第一夫人瑪麗亞·伊娃·杜阿爾特·裴隆（María Eva Duarte de Perón，1919-1952）的暱稱。艾薇塔是阿根廷總統胡安·裴隆（Juan Perón）的第二任妻子，身為第一夫人期間積極介入國政，與丈夫並列為裴隆主義運動的領袖人物。她主掌勞工部及衛生部事務，與資產階級對立，提倡婦女投票權，創辦阿根廷第一個大型女性政黨「婦女裴隆主義黨」，並成立伊娃·裴隆基金會，照顧貧苦百姓。一九五二年以三十三歲之齡因病去世前，獲阿根廷國會頒贈「民族精神領袖」頭銜。針對裴隆夫人的個人崇拜在阿根廷歷史上造成深刻影響。裴隆夫人也成為國際大眾文化的標誌性角色，催生許多影視、戲劇、文學藝術作品，如一九七六年音樂劇《艾薇塔》、一九九六年同名電影（由美國流行天后瑪丹娜飾演主角，片名台譯《阿根廷，別為我哭泣》）等。

在布宜諾斯艾利斯時，我忙著為幾場我答應要發表的演講寫講稿，完成一套電子書，在不尋常的時間跟夏洛蒂聊天（因為我跟她之間有十四個小時的時差），還有寫我的部落格文章。可是從頭到尾我都感受到極端的罪惡感（又或許只是羞恥？），因為來到夢寐以求的旅行目的地，我竟把自己關在青旅中工作。

這不是當初我要旅行的原因。我至此長期在過的兩種生活開始脫鉤，兩邊的線索不斷拉扯。任何一天，無論我選擇過哪種生活——遊覽或工作——我都因為沒選擇另一種而覺得愧疚。

我失控了。為了讓心情平靜，我開始服用贊安諾（Xanax）。我陷入了憂鬱症。

我必須做一些犧牲。

我需要一個什麼也沒得看，只能工作的地方。我要把盤子清空，讓自己重新開始。我心想，如果我們光是待在一個地方，好好檢視我的工作清單，取消部分計畫，然後按下重設按鈕，我就能解決問題，擺脫焦慮的困擾。

我決定前往門多薩，那似乎是個放鬆身心的理想地方。那裡沒有太多事可做，而且由於有個朋友要在我們動身到巴塔哥尼亞以前來找我，我什麼也不能參觀，因為我得先等她來才行。我租了一間Airbnb，把自己禁閉在裡面，全力投入工作。我趕完所有待辦事項，火速處理未讀郵件，然後告訴自己「成了」。

但我只是在一道深深的傷口上貼了塊ＯＫ繃罷了。

在門多薩的第三天晚上，我第一次遇到恐慌發作。在Airbnb公寓中，我坐在電腦前，忽然覺得彷彿無法呼吸。我的手臂麻木，胸部疼痛。那種感覺就像心臟病發作，加上一股揮之不去的世界末日之感。

我打電話給我的母親，她是一名護士。

「我是不是心臟病發作了？」

「如果是的話，你的小命應該已經沒了。不過你得找醫生看一下，我早就說我很擔心你。你工作太多了，為什麼你不要乾脆回來？」

「不行，我沒辦法。我非做這些事不可。我會去找醫生看。」

「自己多小心。把工作放下！去看醫生。多放鬆。盡快打電話給我！」

「我有贊安諾，我先吃一點好了。」

贊安諾讓我鎮定了下來，雖然這只是暫時的緩解。恐慌發作就像溺水，覺得自己在窒息，可是又不知道為什麼。隨之而來的是一種失去希望的感覺。還有絕望，無止境的絕望。世界的重量壓在胸脯上，把肺部擠扁。被破壞的不只是身體，還有精神。一切開始讓人覺得超過負荷，完全無法駕馭。

你的心臟和胸腔全面緊縮，你感覺神智飄忽，心情恐懼。至少我是這樣。我真的很害怕，好像一切都不會足夠，而我也將永遠是個殘缺。

思考焦慮症的成因時，「必須」這個字眼不斷竄進我的腦海。我必須做這個，我必須寫這篇東西，我必須參觀這個地方，我必須參與這場活動，我必須去開這場會，我必須答應這件事。

我掉進凡事都得答應的「忙碌陷阱」。忽然間，我們被捲入一種循環，在其中無法停止地運轉。我們過度投入，陷入疲乏，拼命喝咖啡或能量飲料，只求保持清醒。可是我們看不到出口。過去我總以為這種事只會發生在別人身上，那些坐辦公桌、生活一成不變的人。現在我發現我錯了。我也過度投入，而且用我自己的方式掉進了陷阱。

我的恐慌發作是讓我警醒的一聲呼喊。

我並不需要對所有人說好，不需要答應做所有事。我們是自己的船長，如果我們不想做某件事，我們就不需要做！我一直等到眼睛開始跳動、胸部開始緊縮，才終於真正體會到這點。

我的朋友來到門多薩時，我覺得情況已經控制得比較好了。鎮靜劑發揮了作用，而把全部精力集中在一件事情上也幫助我提高了心智專注力。我工作，閱讀，再做一些工作。我好好給自己做了晚餐，然後才繼續工作。工作量越少，我就覺得越平靜。

在我們的最初幾次遊覽行程中，某天我們造訪了門多薩南方的一個小鎮，叫作聖拉斐爾（San Rafael）。遊客來到這裡，可以參加葡萄酒莊之旅，也可以在和緩山谷中沿著自行車道騎車暢遊，飽覽鄉村風光。我們健行走遍了這個地區，回到青旅以後跟其他旅人徹夜聊天。這種感覺就像我記憶中游牧旅人生活的模樣。隔天，我們轉往另一個城鎮，下榻在另一家青旅。

那天晚上我在電腦上工作時，三個從布宜諾斯艾利斯來的阿根廷人邀我們跟旅店員工和其他一些住客一起在後花園喝酒。我的朋友說好，不過我婉拒了，因為我想把一些工作做完。

「你是來阿根廷工作，還是來暢快喝酒、享受人生的？」他們用這句話激我。世界上大概只有史考特．汀斯摩爾口中那種「把享受人生看得比錢重」的人能用這種方式點出我的毛病了。

我再次禮貌性地回絕，不過我無法停止思考他們的問題。

他們的問題彷彿一拳擊中我的要害，好比有人趁我不注意的時候把一顆藥球[78]往我身上丟。

78 譯註：藥球（medicine ball）是一種健身或復健用的實心球，外形和大小類似籃球，表層為橡膠材質，但有相當重量（通常為二到五公斤），透過拋擲和其他各種動作達到鍛鍊目的。

無可否認，他們說對了。我旅行不是為了工作，我大老遠到這裡不是為了成天盯著電腦螢幕。這件事我在自家就能做。我又掉進相同的陷阱，就像當年沒能跟海蒂航海悠遊聖布拉斯群島的情況一樣。我過著不均衡的生活，而正因為這個緣故，我逐漸陷入嚴重的焦慮。

我終於來到夢想了那麼多年的旅行地，卻把大部分時間花在工作，整天坐在電腦前面，設法完成永遠不會結束的待辦工作清單，結果只是枉然。更糟的是，置身在一個新的地方，卻不好好享受它，這進一步加深了我的焦慮和失望。假如我出來旅行只是為了工作，當初決定出來又有什麼意義？

我失敗了。我讓工作狂傾向控制了我的生活，那幾個阿根廷人是對的。在這清明的一刻，我關閉電腦，把它收進房間，走到外面加入飲酒作樂的陣容。所有人在那裡喝下一瓶又一瓶酒，點披薩當宵夜吃，交流各國的文化和風俗，直到凌晨還興致高昂。我們歡笑，我們流淚，我們成了朋友。

工作不是多年前我離開美國舒適圈的原因。我的目的不是在任何地方遠距工作，我的目的是這個。我要造訪新的地方，認識新的人。我要剝開一層層包覆，探進世界的內裡。那天晚上我帶著快樂而滿足的心情入眠，那是我已經好久不曾有的感覺。

嚴重宿醉令我頭昏腦脹，我端了一大杯咖啡，在公共區域坐下，打開電腦，然後一股尖銳的罪惡感橫掃過來。我看著郵件信箱，發現還有多少工作等著我做，這時胸口的疼痛又開始作祟。

「昨天晚上我應該工作才對。本來可以再多做幾個小時的。到了巴塔哥尼亞以後，我就不可能上網了。我必須搞定這些事才行。」我告訴自己。我很生氣自己居然跑去飲酒作樂。

我重新著手處理我的待辦事項。

然後，他們的問題又像噩夢般回來糾纏我。

「我來這裡到底是為了工作，還是為了暢快喝酒？」

我特地來到門多薩，結果並沒有治好我的焦慮，因為我從來不曾治本。我只是在處理表面症狀——我的待辦工作清單——但一個清單完成，又會有新的清單取而代之，周而復始的循環永遠不會結束。

有時候擊敗敵人的最好方式是拒絕開戰，然而我卻不斷對潮水般永無止境的工作清單宣戰。我可以一直工作到天荒地老，但那不會改變任何事。

我把輕重緩急搞得一蹋糊塗。我無法再同時工作和旅行，這點已經很明顯了。

這個世界不會因為我沒發表一篇新的部落格文章而停止運轉。

我不要讓工作占上風。

那樣只會枉費一切的努力。為了掙脫朝九晚五而旅行，最後卻幾乎將自己禁錮在書桌前，回歸相同的境地。

我已經失去自由，該是重新爭取自由的時候了。

我取消了原本應該發表的演講。我把所有郵件刪除，放上人不在辦公室的訊息，說明我的焦慮和我想休息一陣子的理由，並強調這段時間我不會回覆郵件。我指示助理要忽略郵件，在我離開期間專心處理少數幾個計畫，除非有要緊的事不要打擾我。我決定繼續寫作，因為這可以讓我發抒情感，但其他所有計畫都得喊停。

我不打算坐在電腦螢幕前面探索阿根廷。

我已經跌落谷底。

現在時候到了，我該重新掌控情況，做出徹底的改變。

焦慮不可能用指尖輕彈就消失。我跟我的朋友能來到巴塔哥尼亞是個奇蹟，我很驕傲自己作出正確決定，拋棄把待辦清單一路做到底的選項，瀟灑南下阿根廷最底端。不過我仍然在跟焦慮感奮戰，苦思該怎麼處理這個問題。除掉壞習慣需要時間，療癒需要時間。

可是哪裡才是度過這段時間的最好地方？答案不見得清楚。

是巴塔哥尼亞嗎？我們已經在巴塔哥尼亞參加健行團一個星期了，最後幾天預計走訪充滿傳奇色彩的托雷斯百內國家公園[79]（Torres del Paine），但即使到了這個時候，我還是不能確定。

托雷斯百內國家公園成立於一九五九年，廣受世界各地遊客喜愛。這個地區有許多冰河、冰河湖、深谷、名聞遐邇的花崗岩高峰，以及美麗的松樹森林。每年有超過十萬人造訪這裡，使它成為南美洲人氣最高的自然旅遊勝地之一。

接近國家公園時，巨大的灰色高山在我們上方插天矗立，萬里無雲的蔚藍蒼穹無盡延展。巴士上所有人倒抽了一口氣，集體發出讚嘆聲。導遊去辦露營許可和登山證時，我們魚貫下車，忙不迭地拍照。我再次置身天人合一的境界，颯爽冷冽的空氣、隨風搖擺的青草、險峻無比的山勢，都令我興奮不已。

79 譯註：托雷斯百內（Torres del Paine）國家公園簡稱百內國家公園，位於安地斯山脈南部智利境內，以尖聳如塔的高山和湛藍的湖泊著稱。西班牙文Torre即「塔」，paine則源自印地安語的「藍色」之意，故取名Torres del Paine，中文也可意譯為「藍塔」或「青塔」國家公園。百內國家公園西側鄰接同屬智利但地勢較低的貝納多奧伊金斯（Bernardo O' Higgins）國家公園，北側則鄰接位於阿根廷境內、擁有世界第三大冰帽地帶（僅次於南北極）的冰河（Los Glaciares）國家公園。

柏油路變成泥土路，巴士沒有避震裝置，眾人劇烈搖晃，彷彿在坐遊樂園的飛車。連續兩天，我們走了著名的W步道，首先前往「灰色冰川」（這條冰河的命名緣由是累積在冰河中的泥土把冰河染成灰色），然後通過「法國山谷」，在燒焦的森林、一條條山溪之間沿著谷地逐漸攀升，最後來到「法國冰川」。在這個地方，消融的冰雪化成飛瀑，如巨雷震天，從峭壁轟然墜落。我們站在冰川的陰影中，一邊享用午餐，一邊等著感受冰壁裂開的景象和聲響。

行程最後一天，我們出發挑戰國家公園境內最著名的登山路線——來回二十二公里的托雷斯塔山群步道。這是我在紐西蘭走了二十公里的唐格里羅穿山步道（Tongariro Crossing）之後做過最艱難的健行之一。不過這三座如高塔般俯臨冰河湖的宏偉尖山是完美的攝影素材，花崗岩山體、冰雪覆蓋的尖頂與湛藍湖水相互烘托，壯麗景色渾然天成，值得千辛萬苦的跋涉。我相信這個畫面絕對經常被當成電腦螢幕桌布。

一行人抵達步道頂端，享用完午餐，開始往回走，但我決定在原地駐足。我還沒準備好要離開，我覺得這地方無比寧謐安祥。我凝望著托雷斯尖峰，讓這個地區的能量帶給我心靈的平靜。很久很久以來，我第一次只因為自己的存在而感到滿足。單純地享受我所在的地方，完全不掛慮山腳下有什麼工作在等著我。

過去那幾天，我想了很多關於工作的事。在時辰流逝間，那些想法在我內心深處如影隨形。我想知道外面在發生什麼。一切都還順利嗎？但我終於明白，就算出了什麼差錯，我也無能為力，所以何苦擔心害怕？這一刻，面對鬼斧神工的大自然，憂慮從我的心中悄然隱褪。

我不能改變不在我控制範圍內的事，我必須學會放下，導致我焦慮的原因是我不懂得量力而為。如果我要擺脫焦慮，就必須改變生活。

世界上有一些像巴塔哥尼亞這樣的地方，會讓你意識到自己有多渺小，而大自然是多麼浩瀚而偉大。後來我回到文明世界時，我發現並沒有任何事情改變。我的網站沒當機，天空不曾掉下來，沒有人責怪我沒回郵件。事實剛好相反。多數人很高興我給自己放了一個心靈療癒的假期，並且鼓勵我不要再用那麼多工作束縛自己。

這種感覺很詭異。我透過網站向數以百萬計的潛在游牧旅人弘揚自由和彈性的人生理念，同時自己卻用愈來愈多桎梏困住自己，做著完全相反的事。

二〇一六年二月底，我登機飛往澳洲時，想起那離線一整個月的生活，思緒如潮水般湧來。我找到了我的焦慮來源，我明白脫離網路並不是代表世界末日。憂慮情緒仍然不時閃現，恐慌偶而突然襲來。已經控制你那麼久的東西不會輕易消失，但那一個月的心靈排毒練習至少讓我踏上了康復的道路。

我找到了不快樂的成因。

現在是找出解方的時候了。
這個解方將會帶來我至今接受過最寶貴的道理，而且將永遠改變我跟夏洛蒂的關係。

第十三章
家

我們永遠不會停止探索
而一切探索的最終目的
無非抵達我們的出發點
然後第一次認識那個地方

——T. S. 艾略特[80]（Thomas Stearns Eliot）

十年。這是我待在旅途上的時間。若說旅行消蝕了我原有的身分，這似乎不無道理。

80 譯註：托馬斯．斯特恩斯．艾略特（Thomas Stearns Eliot），一八八八—一九六五，出生於美國的英國詩人、散文家、劇作家、評論家、出版人，被視為二十世紀英語世界最重要的詩人之一，現代主義詩歌的核心人物。一九四八年獲頒諾貝爾文學獎。

對數以百萬計的人而言，我不是馬修．凱普尼斯；我是游牧馬哥。對他們而言，我是那個居無定所（也沒有姓氏）的人，我是部落客，我是專業旅行家。我坦然承認這些。我熱愛這一切。

我的最初計畫是走遍世界，把我對旅行的嗜好消化完畢，然後找個真正的工作，但這個計畫無疾而終。白駒過隙，一天流淌進另一天，轉眼已是十年。

美國南方作家約翰．葛雷夫斯（John Graves）一生寫過兩本重要的書。第一本是《吾河再會》（*Goodbye to a River*），這是一部經典的旅行回憶錄，作者在一連串水利建設使布拉索斯河[81]消失在現代化大壩和水庫中以前，做了一趟溯河之旅，以為見證。全書猶如一篇頌歌，讚美人類拒絕定居某處、不願偏安一方的精神。十多年後，他又寫了《辛苦摸索》（*Hard Scrabble*），這本書幾乎在所有方面都是前一本書的反照，書中描繪他在德州丘陵鄉[82]辛苦打造安居之所的另一種旅途。《辛苦摸索》的主題是他所謂的「症候群」——我們對於擁有一塊地的需求，以及一旦我們持有地產，就不肯離開的心態。他寫了一段話，我認為可以涵括我們內心這些不同部分之間的拉扯和不穩定平衡：

只耕耘自己根源的鄉紳宛如馬鈴薯，

一不小心，

就變成根而非植物。斬斷根源、
否認它曾
與自己有任何關連的人，則會萎縮成
半個人。

回顧我人生的過去十年——浪跡天涯的欲望，旅途中的疲乏倦怠，離開的衝動與留下的拉力之間無盡的擺盪——我明白那些壓力、焦慮，並不在我的內心；它就是我。這個結果源自一場用幾十萬里的路途以及在無法完全記得的大小城市中，度過的無數晝夜譜寫而成的人生。

我成了旅行作家。這似乎是維持旅行狀態的好辦法，而在我的網站逐漸成長的過程中，我繼續用沒有任何具體規劃的方式經營它。我喜歡做這件事，這樣可以讓我繼續旅

81 譯註：布拉索斯河（Brazos River）是美國第十一長河，發源於新墨西哥州，穿越德州中部流入墨西哥灣。

82 譯註：德州丘陵鄉（Texas Hill Country）是德州中南部的丘陵地帶，西南側靠近墨西哥。以地理和氣候特性而言，這個地區可說是美國東南部與西南部的分野。過去（如葛雷夫斯寫作《辛苦摸索》的年代）這裡被視為德州最偏僻的地區之一，但隨著東側奧斯汀、聖安東尼奧等大城擴張，已逐漸出現中產階級郊區和富裕的樂齡社區。

行，所以一切都不算糟。

不過，隨著時間過去，我開始跟一個秘密交戰，一個我因為害怕失去我後來擁有的自我認同而掩藏在內心深處的秘密。我最渴望的東西——超過世界上任何其他事物，無論那十年間的任何一刻我人在何方——是一方庭園。我曾矗立在視野壯闊的山巔，讚嘆古意盎然的廟宇，見過大海伸向無垠的天際，在一日將盡前用七種不同語言與各路友朋分享旅人物語；然而，我最想要的卻是有一天能夠回到某個**屬於自己的庭園**。

自家庭園成為我在二〇〇五年買的那本旅遊指南的後續版本，它體現了我對人生下一步的欲求。

庭園需要持續不斷的關心。一個人如果每隔幾天就會出門遠行，就不可能付出這樣的關心。若要擁有一個庭園，我必須安定下來才行。庭園是承諾的表現，一個需要我在生根的植物旁邊紮根的嗜好，然後才能將它們採收，帶進屋內做成佳餚。在屬於我的廚房，用一些不可能在任何青旅廚房找到的器具。

庭園成為我安居一方的託辭。

我會告訴我的朋友，下一趟行程會是我的最後一次旅行。然後他們會看到我又搭機飛向某個東南亞國家或某個歐洲城市。然後我會回來，再一次承諾：真的，這次一定是最後一次。

「你老說要定下來，我們聽都聽膩了，」他們會這樣反駁。「又是空頭支票。」

「不，我發誓這次是認真的。這次真的是最後一次。」

但他們永遠是對的。我又開了一張空頭支票，我仍舊想要一石兩鳥。

現在我可以理解為什麼酗酒成癮者會願意參加十二步驟計畫[83]，把自己交付給某個「更高力量」。因為在你對抗成癮症時，你需要身邊有某種更強大的東西支撐你。你需要向某種東西投誠，需要把方向盤交給某個人。

那段日子裡，我沒旅行的時候，就住在紐約，試圖在我想得到的最國際化的地方定居。我才在我找到的第一間公寓住了不到兩星期，就買了一張便宜機票重新上路，前往歐洲，然後轉赴加勒比海。我原本精心安排了一整套新的生活計畫，藉此讓自己不必再飽受焦慮或倦怠的折磨，結果我還是回到了旅途上。這就是我的人生：回來，旅行癮發作，然後又得滿足它。

問題是這樣的：因為我在網路上的某種身分，出發上路不是很難的事。眾人齊聲誘使

83　譯註：十二步驟計畫（12-step program）是國際性互助戒酒組織戒酒無名會（Alcoholics Anonymous）推行的一套戒酒計畫。該組織於一九三五年在美國成立後，迅速研擬和推行包含十二個步驟的戒酒方案。後來這個方案也陸續被應用於其他成癮症的治療。

我旅行，而當你奔向異國他鄉的各個奇妙地點時，讚美與嫉羨的聲音此起彼落，你很容易就會買張機票、把幾件衣服丟進背包，瀟灑上路。然後你抵達目的地，在那裡快樂生活……旅程結束，你返回同樣那間空空的公寓，重新咀嚼同樣那些揮之不去的問題，思忖你養成的這些新（壞）習慣。

只是我無法再這樣處理生活了。美國作家瑪麗・安・萊德瑪克（Mary Ann Radmacher）寫過這句話：「我不是原來的我，因為我看過月光在世界另一邊閃耀。」我也不是原來的我，不是那個在泰國接受一群背包旅人教導如何解開纜索、航向未知的年輕人。我對自己的本質有更深刻的意識，**正因為**我已經看過月光在世界的另一邊閃耀。

我不能放掉那部分的我。

我知道我對家庭、伴侶關係和某種穩定性的渴望不只是忽然閃進腦袋的奇思異想，那是我想要的真實事物。我已準備好迎接它的到來。

我一直試圖擊退這些想法，把它們消音。

如果我再出發旅行一趟，它們就會消失。

但我們的心魔和欲念會跟著我們一起旅行。

而我已不能再忽略這些。

夏洛蒂走進我的人生時，我第一次感受到自己已經找到一個可以定下來的對象。我找到了一個我一直想要的夥伴。有點怪胎，有點政治狂，瀟灑旅人，藝術才女，一個讓我歡笑、時時刻刻挑釁我、使我感受到愛的人。

我抵達澳洲時，她在機場迎接我。她舉著小小的姓名牌，還寫了卡片讓我驚喜，她知道我一直想要這種東西。我們微笑擁吻。搭公車回市區時，我們凝視對方，臉上盈滿笑意。一切顯得彷彿我們不曾分開。

我們住進墨爾本市中心的一間Airbnb——一棟擁有硬木地板、步入式衣櫥、特大雙人床和超大廚房的豪華一臥室公寓。我們計畫把它當成這段時間的旅遊基地，然後一起前往紐西蘭。

不過幾天以後，我們的蜜月期結束了。

跟一個人旅行的時候，我們會學到很多關於對方的事。兩個人被迫進入一個不斷改變的壓縮環境，讓我們看到對方如何處理改變和壓力、克服挑戰、與其他人互動。我們從中體會雙方的生活方式是否契合。

不過當我們離開旅行泡泡，跟對方生活在「真實世界」中，我們會有更多體會。在一個共享的空間中，我們看到的不是生活方式，而是個人的癖好。對方是從底部還是頂端擠牙膏？他更換捲筒衛生紙時，是讓它從下方還是上方捲動？他是不是習慣讓燈一直亮著？會不會把衣服擺得到處都是？馬桶座是掀起還是放下？睡覺時暖氣開著還是關掉？溫度設定在二十度還是二十二度？當你需要面對這種問題時，你跟那個你參加野生動物攝獵之旅時遇到的人還會一樣其樂融融嗎？面對通勤方式的安排、各式各樣的帳單，和輪到誰洗碗這種瑣事，又會是什麼情況？當你們不再一天二十四小時有無數新鮮事可做，當你們必須上班、洗衣服、買菜時，你們還能愉快相處嗎？

對夏洛蒂和我而言，這件事不是很確定。原來真實世界比我們以為的還要難，原來我們對對方的了解沒有我們以為的那麼多。

我們決定輪流規劃每一天的活動。她很喜歡圖書館和咖啡館，所以我預訂了一個圖書館導覽行程和達人帶路的著名咖啡館巡禮。她安排的是一個觀賞企鵝的遊程，因為她認為我反正什麼都愛。結果我們都不喜歡對方安排的一日遊。她討厭達人帶路的活動，我討厭搭很久的巴士。一些關於步行距離有多遠、天氣會不會不妥當之類的小小意見，都會被解讀為針對對方的決定所做的人身批判和蓄意指摘。況且我有工作而她沒有，於是在我必須工作的日子裡，她會覺得受困在家，不知如何是好。

我們開始因為我們的不同期待和欲望而吵架。

我的多次恐慌發作為我揭露出我的雙重生活所造成的壓力，而且我還領悟到另一件事：我想要固定的生活型態、按表操課的作息；想要白色的庭院圍籬、小孩、小狗，擁有一個**家庭**。我想要起床，上健身房，寫作，管理部落格，開始耕耘心目中那個庭園，跟朋友見面。

我不想再用過去那種旅行方式繼續旅行，我從背包客觀點見識世界的次數已經太多了。

夏洛蒂跟她的幾個朋友一起到凱恩斯一帶旅行，我決定到伯斯拜訪一位朋友。跟她暫時分開讓我有了思考的時間，我發現自己真的不能去紐西蘭。我滿腦子只有我的家、我的床、我的室友，和一個穩定的生活。

在伯斯，我意識到一個事實：我的旅行疲乏是長期性的。我該把大背包放下來了。

我不想再繼續旅行，我想要跟旅行生活完全相反的東西。我在內心知道這是正確該做的事，就像多年前我知道離開美國是我該做的事。

我已經在過去十年中成長，而過去這六個月的經歷讓我現在知道該怎麼回答史考特的死亡為我拋出的問題：我真正想要的是什麼？

我想要一個家。

當我開始在心中描繪關於紐西蘭的圖像時，我的恐慌症又發作了。既要工作又要旅遊，永遠無法給予任何一方它應得的關注，並且為此感到自責，這種人生風景令我無法承受。我在旅途上變得太不快樂了。

我該怎麼把這件事告訴夏洛蒂？

我會說什麼？她會怎麼想？

當我看著夏洛蒂時，我可以想像我們會一起開展的生活。我看到我們的房子，休旅車，小孩，和庭園。可是我不可能要求她為我改變她的旅行計畫，我不能從她身上剝奪這個部分。我已經度過十年的游牧旅人生活。我知道她等了多久才能實現旅行的願望，我永遠不可能要她作出抉擇，而倘若我真的那麼做了，她會因此怨我。畢竟那是**屬於她**的旅行。

而我有第一手的經驗可以知道，這一切有多重要。

跟夏洛蒂在雪梨再次碰面時，我把消息告訴她：我不能跟她一起去紐西蘭。那會讓我承受不住。我正試著打破一個循環，而儘管我愛著她，我還是需要自我療癒，把我的想法梳理清楚。去紐西蘭只會使問題更嚴重。三個月後她就會回美國了，沒有人規定我不可以是前往機場迎接她的那個人。我們還是可以每天打電話或用視訊聊天。

她流下眼淚，她說她明白。

接下來幾個月中，我們繼續保持連絡，不過交談頻率逐漸降低。一道我一手挖掘的鴻溝已經在我們之間形成。她的行腳踏遍紐西蘭，我則在設法為一種規律的日常打下根基。我的護照在抽屜裡積了灰塵、我每天早上很早就會起床、我重新上健身房、我又開始自己料理食物、我的眼睛跳動問題逐漸消失、我的焦慮不再那麼嚴重、我的恐慌症不再發作。我變得比較平靜了。我一刻也不曾想念旅行。

可是我的確想念夏洛蒂。晚上躺在床上時，我很想知道她現在過得怎麼樣。她正在紐西蘭做什麼？我完全沒概念，因為她愈來愈久不給我消息。

在我內心，我仍然盼望她回到美國時，我們可以重拾前緣。當然我們在墨爾本吵過架，不過那些都是芝麻小事。

夏洛蒂返回美國時，我已經離開紐約，搬到德州奧斯汀，住進一間比較安靜的公寓。後來她到奧斯汀看一些朋友時，我們同意見個面。我們聊了過去幾個月的事，也聊了我們的未來。我們向對方敞開心胸，結果才發現我們從不曾真正完整地表達情感和想法。對她而言，當我搭上那班回美國的飛機時，我們的關係就已經結束。雖然我們會透過網路和通話軟體交談，但我從來沒能從中意會到她感受的痛苦和傷害。

對我而言，她從來不曾真正理解我的恐慌發作和焦慮症嚴重到什麼程度，以及我有多渴望放慢腳步。我縮進自己的殼，以為我已經把一切都跟她解釋清楚了，到現在才發現當時雙方都在心中築了高牆。

我們都錯誤解讀了對方。

現在為時已晚。

她要回紐西蘭，而我已經在我想要的地方找到了家。我們沒有任何返回過去那個時空的可能，那樣做只是追逐逝去的幽靈而已。事到如今，已經沒什麼好說了。

我們起身，給對方一個擁抱，然後我看著她離開。

曾經在心中勾勒跟某個人建立的共同未來──結婚生子、老來相伴──然後看著那個人走出你的生命，這種感覺很奇怪。就像個文思泉湧的作家，我曾看見故事如何開展、演變，甚至結束。然而，一陣突如其來的風將所有文稿吹出窗外，故事就這樣永遠不見了。

時間點是一切的關鍵。夏洛蒂和我起初可以投射到未來，但很快就發現我們處在人生的不同階段。但這就是人生。韶光流逝，你會成長改變，同時你也希望走在你身邊那個人跟你一同成長改變。你會希望你們的道路是齊頭並進的。你會希望你們跑的是相同的賽程。

在一段時間中，感覺上我們的確是那樣。可是不久以後，情況已經變得很清楚：我們是在相同的賽程中，但我們的實際位置有如天南地北。她還有很多圈要跑，而我已經來到終點線。

我展開旅行生涯時，「家鄉」在我眼中是一個不太好的字眼。那是一個無趣的地方，你在那裡通勤上班，困在塞車的街道上，錯過該搭的火車。那是人生逐漸陳腐的地方。一個死氣沉沉的地方。

我不想待在家鄉。我想冒險。我要追尋刺激。我不要坐在辦公大樓裡浪費生命。旅行得越多，家鄉對我就越沒有吸引力。返鄉意味的是煩悶無趣，旅途才是我覺得生命充沛的地方，我不能拋開那個部分。

但現在，我釐清了導致我恐慌發作的原因，也有意跟一個我愛的人成立家庭，於是我明白了另一個深刻的道理：改變沒什麼不對。就連彼得潘也會長大，我也必須停下旅行的腳步。

過去我只是太盲目，沒能看清這點。

我被包覆在自己的游牧旅人身分中太久，到後來無法認清當初我離開的理由——成為一個更好、更有自信的我——不再適用，而且已經好幾年不適用。我身邊有我所需要的一切。我有朋友，我有自己熱愛的工作，我有故事，我可以跟陌生人聊天，我喜歡嘗試新的事物，我有話題可以分享。

但最重要的是，我對自己感到自在。我滿足於我這個人，我的喜好，還有我做的一切。

起起落落總是有，高潮低潮也不會少，但撇開這些不論，我完成最初的壯旅返回家鄉時，的確成了我想要變成的人。

那就是找到家的感覺。

最初我那麼喜愛泰國的原因是，那個地方擁有我認為人生應該具備的一切元素。但「家」不是一個地方，不是一個旅行目的地，也不是你心繫於斯的地方。家是你在世界上所處的任何地方。無論我是在紐約市、奧斯汀、曼谷、巴黎，或我父母在波士頓郊區的房子，這都不重要。

對我而言，在二〇〇八年以後，家是一百萬個地方，因為家就是你覺得與自己平和共處的所在，而我在所有地方都覺得愜意。這是我透過游牧旅人的歷練所得到的寶物，而即使未來我不再是個游牧旅人，我也永遠不會拋棄這個部分。

在跟夏洛蒂的關係中，我試圖抓住過去，因為過去那個旅行版的我是個覺得能掌控自己生活的人。我為什麼要放棄那樣的我？旅行造就了我這個人，而我以為離開旅途意味的是回歸舊的那個我。

但事實並非如此。舊的你並不存在，唯一存在的，是當下這個版本的你。你永遠是一個進行中的工程、一件創作中的作品。你永遠在改變。世事流轉，光陰荏苒，人來人往從不停歇，未來的形貌永遠不確定。

俗話說得好，這就是人生。

但我花了好長的時間，才終於明白這件事。

我在那麼長的時間中抗拒改變，因為我要抗拒時間的流逝。

我要永遠當個年輕背包客。我要生活在游牧旅人的泡泡中，在那個夏洛蒂和我找到愛情的地方。在那裡，人生永遠無憂無慮，每天都是狂歡星期六，一切都是華麗冒險，因為我以為那是唯一一個我會快樂的地方。那是我找到自己的地方——而我以為只有在那裡，我才能成為我想要成為的我。

但是我錯了。

坐在可以眺望奧斯汀的自家陽台，我明白我可以讓我的生活變成任何我想要它變成的樣子。快樂不一定要靠旅行——而且也不一定要靠**不**旅行。無論人在哪裡，對我會成為的人感到快樂，這似乎才是真切的道理。

許多旅行回憶錄講述的主題是遁逃，而結局經常不是死亡就是叛逆的挑釁。很多故事主角不是死命堅持，就是一命嗚呼。我的故事沒那麼刻板，沒那麼容易預料。容我透露情節：我仍然是個緊抓著一份夢想的背包旅人，而且在故事結束時我不會魂斷旅途。這個故事比那樣的典型設定更深切、更富於彈性。故事的主題是，經過連續十年從沒停歇、不曾休止的旅行，最後你找到了什麼。

你找到的是一個關於自我探尋的自明之理。喬・卡巴金[84]（Jon Kabat-Zinn）完美表達了這個真理：**無論你去哪裡，你就在那裡**。

感情波折、壞習慣、在景色優美的旅店頭痛欲裂……屢次經歷這些之後，你找到的是愛默生在提到那些遠離了自己的旅人時寫下的話：「他把廢墟帶到廢墟」，以及其中的深意。

於是你深深審視你的那個部分，然後決定再給常規、真實的人生一個機會。在一個固定的地方；永遠安居一隅。你認為你找到了讓你想定下來的人，你開始在腦海中計畫接下來的一切。你感受到跟你當初開始旅行時同樣的一股興奮，覺得這是正確的選擇，這就是你該投入的冒險。當然，真正的人生從來不會簡單。那個女孩……她並不想定下來。她要旅行。但你還是付諸行動，希望當她準備好時，她就會來到你身邊。你把自己交付出去了。

我的朋友比爾喜歡講一句話：「樹木生長是因為它們有根」。

我這顆橡實已經在風中飄盪夠久了。假如我還想繼續生長，我得就地生根，有朝一日才能向星星伸展。

遷居奧斯汀之後，我花了幾個月的時間，才撫平我的騷動不安，讓自己找到座標。這件事說起來容易，做起來難。就連我已經把旅行削減到我認為是「放慢腳步」的程度，朋友們還是開玩笑說我幾乎還是老樣子，不安於室！

那年十二月，我接受了安迪．史提夫斯（Andy Steves）的採訪。他是知名旅行作家里克．史提夫斯[85]（Rick Steves）的公子，當他知道我在大幅減少旅行時，他問我從游牧旅人變成非游牧旅人的心境。

「在外面跑了那麼久以後，安定下來會不會很困難？」

「比決定出發旅行還難，」我篤定地回道。

84 譯註：喬．卡巴金（Jon Kabat-Zinn），一九四四年生，美國醫學教授、禪修指導師、作家。卡巴金將佛學和瑜珈融入科學實證，開發出以「覺察」（mindfulness）概念為核心的壓力紓解法，並在麻薩諸塞大學醫學院創設覺察中心和減壓門診中心。

85 譯註：里克．史提夫斯（Rick Steves）即里查．史提夫斯二世（Richard John Steves Jr.），一九五五年出生的美國旅行作家和電視名人。他的旅行觀強調探索非觀光地區，以及融入在地居民的生活方式。他在美國公共電視主持的節目《史提夫斯的歐洲》（Rick Steves' Europe）和在公共廣播網主持的《跟史提夫斯去旅行》（Travel with Rick Steves）等，都廣受好評。

不過，身為旅人，你會學到一件事：最值得你不辭辛勞、披星戴月、勇敢冒險的，是那些艱難的旅程。

對我而言，旅途永遠會是一個充滿驚奇和無盡可能的所在。那是魔法發生的地方。但是，無論你身處何方，你都會找到驚奇和魔法。你只需要端詳得夠仔細，有時你根本不必引頸遠望。你相信也好，不相信也罷，有時它就在你的門外。

多數人把旅行想成一件你到遙遠的國度做的事。他們認為旅行就是搭飛機到他鄉異域，那裡的人不會說你的語言，那裡有不同的風俗習慣，不同的歷史，不同的食物，不同的氣候。那才是旅行——前往異國世界的行為。

我不認同這樣定義的旅行。

我認為旅行的行為在於前往某個新的地方，做某些新的事，遇見某些新的人，並且盡可能跟那裡讓你感覺正確而自在的事物產生連結。這樣的地方可能在半個地球以外，也可能就在下一個小鎮。那也可能是一段在地的假期，你可以藉此好好探索自己居住的城鎮（我認為這永遠是美事一樁）。

旅行是探索發現的藝術。它的意義在於造訪一個你未曾到過的地方，學習哪些事物令它獨特，以及哪些事物讓它跟整體人類經驗牽繫在一起。這樣的地方絕對可以是自家後院。這是我透過十年的旅行才真正意會到的事，不過這也是我從旅行生涯開展之初就約略知道的事。

事實上，在我那次環球啟蒙壯旅的第一階段，我第一次開車巡遊了美國。那是二〇〇六年夏天的事，我在預定飛到歐洲之前，先做了一趟兩個月的環美公路之旅。那時我還不曾離開過東岸；在出發體驗大千世界以前，我想看看自己國家的後花園。如果不懂自己的家鄉，怎麼能懂外面的世界？

凱魯亞克[86]（Jack Kerouac）和史坦貝克筆下那種壯闊的美國公路之旅太令人難以抗拒，我不想錯過。那是活出偉大美國夢的絕佳機會。我想像自己在開闊的公路上奔馳，在路邊

86 譯註：傑克・凱魯亞克（Jack Kerouac），一九二二—一九六九，美國作家、詩人、藝術家，本名尚路易・勒布里・德・凱魯亞克（Jean-Louis Lebris de Kérouac），父母為法裔加拿大人。凱魯亞克是「垮世代」（Beat Generation）先鋒人物之一，與艾倫・金斯堡（Allen Ginsberg）、威廉・柏洛茲（William S. Burroughs）齊名。他也成為地下文化的重要人物，與其他垮世代成員一同催生嬉皮運動，並深刻影響一九六〇年代的美國文化。他的作品主題包括自身的天主教信仰、旅行、爵士樂、毒品、貧窮、佛教、縱慾等，最知名著作是小說《在路上》（*On the Road*）。

小館停車享用有趣的晚餐，與當地人和服務生親切交談，探訪我從小到大看過無數照片的美西各個國家公園。

那時的我是個溫室中的青年，不曾離開我出生成長的波士頓泡泡。一輩子透過有線電視新聞和大眾文化吸收養分的我，對於所謂南方鄉巴佬、保守的牛仔和美國鄉村的中產階級有很多堅定如山的預設想法。

雖然這些人是我的同胞，我卻認為我跟他們不可能對任何事持有相同見解。我把他們視為擁槍自重、心態落後、充滿仇恨的宗教狂熱份子，與我青春洋溢的自由派人生觀有如南轅北轍。我帶著年輕人的自負睥睨他們。

開車周遊各州的經歷粉碎了我的許多既定成見。美國是個非常多元的國家，不同州、不同城市的人在政治信念和文化傳統上呈現出顯著的差異。從南方的慢步調、東岸的快節奏、西部的牛仔，到棉花帶[87]的小鎮，每個地區都有指紋般根深柢固的獨特性。不過日復一日，我發現的核心事實是，基本上我們過著相同的生活，擁有相同的希望、夢想和煩憂。瑪雅・安傑洛[88]（Maya Angelou）曾說：「或許旅行不能防止頑冥不靈的偏見，但藉由展現所有民族都會哭、笑、吃飯、擔心、死去，旅行可以帶來一個觀念：如果我們嘗試相互了解，我們確有可能成為朋友。」的確，在一些新的城鎮遇到新的人，看到他們過著與東岸生活方式殊異的日子，這讓我體會到《世界報》那句名言《我們都是美國人》[89]的意義。這些人跟我想像中的刻板印象並不一樣。

二〇一五年，我帶著歲月累積的智慧再次踏上橫越美國的公路旅行時，又重新學習了這些事。

這些旅程教導我，雖然我們之中有許多不同的微型文化和各種層面的差異，我們的共同核心信念和正向人生觀讓我充滿希望，相信未來將充滿光明。我也藉著這些機會，學會欣賞「在地旅行」這個普遍受到低估的概念。

旅行教了我很多關於世界的事。它讓你對一個地方擁有只能透過第一手經驗得到的理解。每當我聽到別人用負面方式談論某個國家、城市或民族時，我總會問他們：「喔，可是你去過那裡嗎？你跟從那裡來的人談過話嗎？」身為旅行者，我們知道瑪雅那番話的真

---

87 譯註：棉花帶（Cotton Belt）指美國南部於十八世紀末到二十世紀以棉花為主要經濟作物的地區，範圍西起德州東部，東北到現今的華府一帶，範圍大致涵蓋整個美國東南部。不過今天棉花生產早已式微，大部分原本種植棉花的農田已改種其他經濟效益較高的作物。

88 譯註：瑪雅・安傑洛（Maya Angelou），原名瑪格麗特・安・強森（Marguerite Ann Johnson），一九二八—二〇一四，美國作家、詩人、民權運動人士。創作主題涵蓋種族意識、身分認同、家庭、旅行等，作品包括自傳、散文、詩，也長期為戲劇和影視節目擔任編劇。

89 譯註：二〇〇一年美國九一一恐攻發生後，法國《世界報》（*Le Monde*）於九月十三日刊登的社論標題是「我們都是美國人」（Nous sommes tous Américains）。

義。我們知道旅行可以打破藩籬。我們知道旅行可以促進理解。

然而我們從沒想到要在自家後院做旅行在異國的路途上為我們做的一切。在我旅行世界的生涯中，許多旅人對我說我在他們國家看過的東西比他們自己還多。我會提醒他們，他們也可以在自己國家旅行，他們也可以做我做的事。我會問他們為什麼他們缺乏這樣的動機，但我已經知道了。是那個在腦海中絮絮叨叨的成見，認為「家鄉」是個所有冒險成分都已逃離的無趣地方，

當我們對自己的家鄉打開心門時，我們也對世界敞開了胸懷。這讓我們可以好奇：我來自這個國家，但這是什麼樣的地方？我居住的世界是什麼？跟我共享這個世界的人是誰？他們有什麼地方像我？為什麼其實我們都一樣？

旅行——無論是在家鄉或國外——會給你這些問題的答案。

在我旅行十年的過程中，我變得更有自信，結交了一些非常親近的朋友，認識了自己的本質，學習到我想要的東西。我是個驕傲的游牧旅人。時光流轉，現在我可以放下那個部分，用另一種方式讓人生向前推進。「游牧馬哥」的精神將永遠與我同在，但我的游牧

歲月在我揮別夏洛蒂那一刻已經結束。

如果我從旅行——從那其中的所有人事物——學到了什麼，那就是人生太浩大，不可能有任何箱子容得下。旅行幫助我們迅速體會到這件事。旅行把我們帶到具有不同風俗民情的異鄉，把我們放進充滿變數和挑戰的情境，讓我們以原本我們認為不可能的速度成長。

如果有人說這種成長不可能在家鄉複製，如果有人認為家鄉必然乏味無趣、家鄉肯定令人沮喪，那絕不是事實。

真實的世界也可以像旅行，只要你帶著開放、好奇、冒險的胸懷親近它。

我曾經相信，冒險只會出現在「家鄉」的範圍以外。

但一個地方如果會無趣，那只是因為你自己無趣。驚奇的冒險和精彩的活動不是自然為你發生的，你必須主動挖掘它們。

不管是在附近的市鎮、鄰近的國家，或幾條街外的社區，能不能找到家鄉——還有找到自己——取決於你是不是會走出去，問那些問題，尋求那些答案。

我曾十年游牧。

現在我安居一方。

我懷抱一份體悟，知道每天都會帶來華麗的冒險。

無論你在世界上的哪個角落。

致謝

每一本書都是集體努力的成果，所以我要感謝很多人！

首先，我要感謝我的經紀人Byrd Leavell在這本書從發想到出版的過程中一路相挺。謝謝你相信我、幫助我，讓這本書順利問世。

然後我要感謝我的編輯Daniela Rapp對這本書也一直信心滿滿。謝謝妳跟我這個講求務實層面和具體細節的旅遊作者合作，在我第一次投入文學和回憶錄書寫時給予支持。

接下來我也要感謝Ryan Holiday和Nils Parker當我的軍師。過去我不曾經歷寫書出書的過程，謝謝你們從這本書的提案到完成，慷慨提供智慧和協助。

我還要感謝Fey、Torre和Jodi在這本書的創作之初提供結構和內容方面的看法。謝謝你們指點我往正確的方向前進。

感謝所有閱讀我的網站的朋友，你們讓這趟瘋狂的旅程成為可能，而且多年來一直包容我的三心二意，忠實陪伴著我。很抱歉我有時讓你們措手不及。

感謝我工作團隊的所有成員——Erica、Raimee、Chris R、Chris O、Mike、Candice，謝謝你們這些年來一起讓我的網站成長茁壯，並且有效因應我這顆運作方式總是欠缺條理的大腦。也謝謝你們在我躲起來寫書時，合力讓船繼續航行！

感謝我在旅途上遇到的所有人，你們形塑了我的人生，我們共享的記憶是我生命中最美好的部分之一。謝謝你們幫助我找到真正的自己。

最後，我要特別感謝我的媽媽、爸爸和姐姐這麼多年來給予我無比的親情與支持。謝謝你們接受我對旅行永無止境的渴望，雖然你們一心希望我待在家鄉。真抱歉為你們添了好多白髮。

附錄

十年旅行讓我學到的十九件事

在這本書的各個章節中，我試著跟各位讀者分享了我在長達十年的旅途上、在十年的游牧旅人生涯中學到的功課。為了方便起見，我把重點整理出來，匯集在最後這個部分。我的用意是提供一些指導和建議，作為各位出發上路時的參考。當你在旅途上感到疲勞困頓，需要一些靈感時，或許這些思考也能派上用場。我知道輕裝出行的重要性，所以特別允許大家把這幾頁文字撕下來，裝進行囊上路。

一．旅行其實沒那麼難

每天都有很多人起而行，出發旅行世界，克服大小障礙，活出精采人生。十八歲的年輕小伙子也能順順利利地完成環球壯遊。我在第一次出遠門旅行以前擔心害怕的一切，都是無謂的煩惱。從飛機降落那一刻開始，在當地行動跟在所有地方都是一樣的。火車、巴士、計程車、各種旅遊行程。旅行很簡單，但是一般人容易把它想得很複雜，而你不是第一個這樣想的人。前人已經開闢出很好走的跨國旅行路線，就算你是新手上路，也可以輕鬆駕馭。如果十八歲的年輕人辦得到，你也辦得到。

二．你會學到很多生活技巧

習慣旅行的人適應能力比較強，在社會生活中也比較不會焦慮。到世界各地旅行的經驗讓我增進了社交能力，學習如何更靈活、更有彈性，還有更重要的是，它讓我更了解不用言語的溝通方式。旅行讓我變得更獨立、更開放；整體而言，我變成一個更好的人。你沒有理由擔心自己沒有旅行的能力。事實上，沒有人天生擁有這個本能。這種能力是透過經驗琢磨出來的，你會驚嘆自己多麼常做出令自己驚嘆的事。

三．你永遠不會孤單

把自己放諸四海、跟素昧平生的人交談，這件事想起來好像很可怕，不過別忘了，旅人都是陌生土地上的陌生人。你會慢慢發現，其實每個人都是友善的。我花了一段時間才習慣跟陌生人打招呼，不過現在這似乎成了我的第二天性。你在旅程中碰到的其他人跟你一樣，他們也是獨自來到陌生的地方，希望找人作伴。旅人都想遇到其他旅人，而那可能就是你。你會發現，儘管你是獨自旅行，你並不會孤單。

四．某些最親近的朋友是在旅行時認識的

不管是在越南的某個餐館、泰國的某艘遊船，或布拉格的某間青年旅館，當完全沒有預期（或沒想要）認識什麼人時，我卻結交了一些最棒的朋友，跟他們建立起最長久也最充實的友誼。即便我們跟這些朋友有可能多年不見，但時候來到時，我們仍然會出現在他們的婚禮、耶誕聚餐或家庭派對。緊密的情誼會在旅行中鍛造出來——距離與時間不會阻斷這些連結。

五．旅途上的交友關係經常只是萍水相逢

旅行的性質使得我們在旅途上不容易發展出長期的情感關係。假期會結束，所有人各奔東西，想長久維持關係是很困難的。如果你太容易讓自己陷進去，你只會常常頭痛。旅途上的戀情可以很特別——如果你願意活在當下，好好享受你有緣獲得的浪漫時光。一味設想你與對方的未來發展，只會讓你無法跳脫。

六．不過遇到真正喜歡的人就要好好把握

話雖如此，有時候你還是會遇到真正跟你情投意合的人。旅途上確實可能出現刻骨銘心的戀情。而當你沒有義務得去某個特定地方，可以隨心所欲地行動時，你沒有理由不去追隨你真正喜歡的人。除非萬不得已，否則不要強迫自己再次跟人道別。就算距離似乎太遙遠、客觀環境也不盡理想，你還是應該勇於追隨，因為不這麼做的話，你就沒有機會知道你們的關係可以維持多久，能不能開花結果。偶爾的偶爾，你真的會遇到真命天子，所以千萬別讓緣分輕易溜走。

七．嘗試新事物是件好事

我曾經是個很拘謹的人，不過旅行幫助我敞開胸懷，拓展世界觀。我把自己推向極限，品嘗各種新食物、參加烹飪課、學習變魔術、研讀外語、設法克服懼高症（目前還不

怎麼成功），挑戰我的既定看法。旅行的意義在於掙脫舒適圈，盡情享受世界帶給你的一切。假如你不試著把自己的邊界稍微往外推，你永遠不知道你會喜歡什麼、有能力做什麼。

八．勇於冒險

在峽谷上空盪鞦韆真的很可怕，在加拉巴哥群島跳船下海也是。在泰國吃蟲蟲大餐、在非洲吃蝴蝶，都是嚇人的經驗。我學泰拳的時候被狠狠踢過屁股。雖然那些事我可能大都永遠不會再做，不過我從不後悔嘗試過。有時候嚇嚇自己是不錯的，這樣的人生充滿新鮮刺激。請回頭看第七點。

九．旅行字典裡沒有「做錯」這個詞

無論旅途上發生什麼事，你絕對沒有「做錯」。某位智者說過：「你的選擇有一半是機率，所有其他人的選擇也是。」當你讓事情自然發生、讓道路在你身前自行開展，你沒有理由後悔，也沒有理由認為你做錯了什麼。你是在某個時間點用你能掌握的資訊做了最好的決定。我跟海蒂或許沒有修成正果，但我不後悔我所做的選擇，我盡可能努力過了。

追根究柢，我明白旅行本身就是一場冒險。

十・不要太小氣

當你預算有限，必須設法省錢才能拉長旅行時間，你很容易變得小氣。可是如果你平日節衣縮食，只為了把錢存下來旅行，到義大利卻不大啖美食，到法國不品嘗葡萄酒，到日本不享用生魚片，那又何苦？雖然節儉是種美德，不過有時對自己稍微慷慨，以免錯過一些一輩子只有一次的經驗，這還是很重要的。天曉得你何年何月才會再次到斐濟潛水？到非洲參加遊獵旅行？抓住每個機會，你絕不會後悔這麼做。

十一・話雖如此，也別太浪費

不過切記，你不是財神爺，所以不必老是覺得你該跟新朋友豪吃狂飲、夜夜笙歌，或每到一個新的地方就撒錢體驗那裡的所有活動。有些時候，悠悠哉哉地坐看雲起日落，自己料理些簡單的食物，這樣也很不錯。你可以節儉，不過不要小氣。最重要的是，要有意識、有目的地運用你的旅費——好好決定什麼錢值得花，什麼不值得。

十二．適時捨棄旅遊指南

我知道旅遊指南是我旅行生涯中的一個重要部分（況且我也靠撰寫旅遊指南餬口），不過學習如何超越旅遊指南是另一個重要部分。不必過度依賴指南。沒有指南，你還是可以好好旅行，尤其是在網路提供多樣化資訊的今天。無論如何，很多人買一堆旅遊指南也不見得經常用得上。只要願意開口問人，你就會得到很多門路。這是獲得資訊的最好辦法，特別是你會因此得知一些旅遊指南上找不到的秘境，或去到一些沒有遊客聽過的簡陋小館，結果在那裡吃到意想不到的好菜。

十三．改變永遠不嫌遲

即使你不是你內心想當的那個人物或旅行家，改變永遠不嫌遲。旅行的真諦就是改變。你越是說「明天再看看」，那個明天就越不可能到來。旅行為我揭示出一些我寧願沒有的性格特質，也讓我看到自己是多麼懶散，我因此有了改變自己的機會。「把握今朝」[90]一直是我的座右銘，不過有時我不夠努力「把握」。沒關係，每天都是重新出發的機會，可以讓你找到一個新的自己。不要讓你的過去永遠定義你。

十四．學習放輕鬆

人生妙趣無窮，宇宙自有運行之道。人只要把自己放輕鬆，順其自然就好。你不可能改變未來——未來根本還沒發生。只要好好做出今天你能做的最好決定，然後享受當下。別讓自己陷入「跑完所有必遊景點」的巢臼。花一整天看一本書、玩遊戲，或躺在泳池邊曬太陽，這沒什麼不對。

十五．學習更多外語（認真學）

不懂當地語言可以帶給你某些好處，比如說你可以裝可愛學母雞咯咯叫，讓漂亮的女服務生知道你早餐想吃炒蛋。不過學習外語就旅行而言真的非常實用，在碰到其他旅人時也經常會派上用場。無論對方是誰，用他們的語言跟他們說話，總會帶來難能可貴的驚喜

90 譯註：作者使用的是拉丁文「carpe diem」。英文中通常譯為「seize the day」，即中文的「把握今朝」。這句話引自古羅馬詩人賀拉斯的《頌歌》，完整詩句為「carpe diem, quam minimum credula postero」（把握今朝，儘量不要相信明天），後人常用來表達「活在當下」、「及時行樂」之意。

感受。此外，如果懂得說幾句當地語言，當地人會覺得窩心，他們會對你特地做出的努力刮目相看。即便你說得不好，你會發現大家會更樂於幫助你。

十六．多擦點防曬乳

我說這句話是認真的。科學已經證明防曬乳的效用。古銅肌膚固然很好，可是皮膚癌真的不好。所以，當你在旅行期間忍不住流連美麗海灘，別忘了多擦點防曬乳，而且係數要高才行。

十七．善心人很多

我在世界各地碰到很多很棒的人，他們不只改變了我的人生，而且義不容辭地幫助我。俗話說得好：你永遠可以指望陌生人的善意。我的親身經歷讓我體會到這句話的意義。很久以前，我的朋友葛雷就教導我不要過度提防陌生人。他的建議徹底改變了我的一切。當你帶著開放的心胸旅行，迎接你的會是意想不到的善意。世界上百分之九十九點九九九九九的人不偷搶不殺人不強暴，你沒有理由假定某個人會試圖佔你便宜或侵害你。很多時候，你碰到的人只是在試著用他們的方式對你表示友善。

十八．沒有什麼是必遊景點

這是你的旅行，不是任何其他人的。每個人的旅程都是自己專屬的。做你想做的事，在你希望的時間做，想做多久就做多久。別讓任何人告訴你，如果到巴黎不參觀羅浮宮、到祕魯不去某某小鎮、到泰國把時間都花在狂歡派對，你就不是真正的旅人。這是屬於你的旅行，你不需要對任何人解釋你的決定。

十九．不必遲疑，出發吧

最後這點格外重要：盡量設法經常旅行，走訪所有你夢想的目的地。那些地方會改變你的人生。我知道它們已經改變了我的。

【當代名家旅行文學】 MM1156

游牧十年：一個旅人的歸鄉之路

Ten Years a Nomad: A Traveler's Journey Home

作　　者❖馬修・凱普尼斯 Matthew Kepnes
譯　　者❖徐麗松
封面設計❖謝捲子@誠美作
內頁排版❖HAMI
總 策 畫❖詹宏志
總 編 輯❖郭寶秀
責任編輯❖郭棤嘉
行銷企劃❖許弼善

發 行 人❖凃玉雲
出　　版❖馬可孛羅文化
10483臺北市中山區民生東路二段141號5樓
電話：(886)2-25007696
發　　行❖英屬蓋曼群島商家庭傳媒股份有限公司城邦分公司
10483臺北市中山區民生東路二段141號11樓
客服服務專線：(886)2-25007718；25007719
24小時傳眞專線：(886)2-25001990；25001991
服務時間：週一至週五9:00～12:00；13:00～17:00
劃撥帳號：19863813　戶名：書虫股份有限公司
讀者服務信箱：service@readingclub.com.tw
香港發行所城邦（香港）出版集團有限公司
香港灣仔駱克道193號東超商業中心1樓
電話：(852)25086231　傳眞：(852)25789337
E-mail：hkcite@biznetvigator.com
城邦（馬新）出版集團
Cite (M) Sdn Bhd
41, Jalan Radin Anum, Bandar Baru Sri Petaling,
57000 Kuala Lumpur, Malaysia
電話：(603)90563833　傳眞：(603)90576622
E-mail：services@cite.my
輸出印刷❖中原造像股份有限公司
初版一刷❖2023年8月
定　　價❖420元
電子書定價❖294元

國家圖書館出版品預行編目(CIP)資料

游牧十年：一個旅人的歸鄉之路／馬修.凱普尼斯(Matthew Kepnes)作；徐麗松翻譯. -- 初版. -- 臺北市：馬可孛羅文化出版：英屬蓋曼群島商家庭傳媒股份有限公司城邦分公司發行, 2023.08
　面；　公分. --（當代名家旅行文學；MM1156）
譯自：Ten years a nomad : a traveler's journey home
ISBN 978-626-7156-95-7（平裝）

1.CST: 凱普尼斯（Kepnes, Matt） 2.CST: 傳記
3.CST: 旅遊文學 4.CST: 美國

785.28　　112008546

ISBN 978-626-7156-95-7
EISBN 9786267156971

城邦讀書花園
www.cite.com.tw